口述歷史叢書 37
佛教人物主訪 II

成一法師訪談錄

口述◎成一法師
採訪◎卓遵宏、侯坤宏
記錄◎廖彥博

三民書局 國史館
2007年8月

照片一　成一法師玉照（侯坤宏攝）

照片二　華嚴蓮社舉辦千佛懺及供佛齋天法會

照片三　智光大師午供

照片四　華嚴專宗學院師生合影

照片五　在智光商職皈依活動時開示

照片六　僑愛講堂大殿（侯坤宏攝）

因果定法則

照片七　與前智光商工校長張南山（右二）卓遵宏（左一）侯坤宏（右一）合影

照片八　與主訪人卓遵宏（左）侯坤宏及紀錄廖彥博（右一）合影

成一法師訪談錄
目　錄

因緣成萬事

v

因緣成萬事

IX

照片目錄

x

因緣成萬事

XI

因果定法則

因緣成萬事

序

佛教創始於印度，發揚於中國，當代最興盛、最受
矚目的地區則屬臺灣。佛教在臺灣的發展，有著崎嶇宛
延的路徑。早期閩、粵漢人橫越臺灣海峽，要冒九死一
生的風險，在渺茫遼闊的大海中，迢迢遠道犯難前進，
人在小船裏飄洋過海，顯得格外的微小脆弱，宗教信仰
的需求，顯得迫切，中國沿海的佛教遂得順利渡海來
臺。惟初期移民所受教育多半不高，其宗教信仰多屬對
佛法教義不甚認識，以求福納祥為鵠的。

至明末鄭成功率大軍征臺（西元1662年），隨行文韜武
略之士，有不少篤信佛教，因而正信的佛教才開始以臺
南為中心向四方擴展，後人謂此時為名士佛教。隨後大
陸沿海居民紛至沓來，佛教與中國文化、民俗就在此生
根滋長。至1683年臺灣隸歸滿清，清廷採取消極保守政
策，又將鄭氏文武官員遷返大陸，禁止沿海居民入臺，
嚴防偷渡。僧侶與知識分子來臺者比例明顯不足，佛教

發展因而一蹶不振，民間信仰與齋教（或謂變質佛教）再度盛行，道教也混雜其中。宮廟雖盛，研讀佛經或持戒修行之士卻極稀。表面上沿襲宋、明、清禪淨雙修，實則僧侶學識修持不足，其社會地位也相對低落，甚至時為人所蔑視。

甲午戰爭，中國戰敗，臺灣割讓給日本（1895年）。日治初期無暇顧及宗教問題，採行尊重包容信仰的殖民態度。然而層出不窮的抗日事件，使日本統治當局想借宗教力量，收攬攝御人心。日本佛教各宗也樂意借此向外拓展，日式佛教的衝擊遂接踵而來，其勢越來越強。1915年西來庵抗日事件爆發，領導人余清芳以臺南西來庵為中心，出入全臺齋（鸞）堂。起義失敗後，日人誅殺甚夥，齋教怕受牽連，力求自保而歸化為日本佛教。同時臺灣佛教早已自臺南向四方擴展，隨著政經情勢變遷，北部發展尤速。

20世紀初，臺灣佛教的四大法脈（或說五大法脈）初步成型，且多少與日本佛教掛鉤。四大法脈為（1）基隆月眉山靈泉禪寺（善慧法師於1905年開山，隸屬日本曹洞宗）；（2）臺北觀音山凌雲禪寺（1910年聘本圓法師住持，後隸屬日本臨濟宗）；（3）苗栗大湖法雲寺（1912年妙果法師禮請覺力

法師共同開山，隸屬日本曹洞宗）；（4）高雄大崗山超峰寺（1908年義敏、永定師徒開創，後加入日本臨濟宗）。亦有人將臺南開元寺視為第五法脈（1921年得圓和尚住持，隸屬日本臨濟宗，得圓的兩大弟子證峰〔林秋梧〕、證光〔高執德〕均為日本駒澤大學出身，對後期佛教發展具有極大的影響）。1922年臺灣由官方主導的第一個佛教會－南瀛佛教會在臺北龍山寺成立，該會對臺灣佛教的擴展發揮一定的助益。

　　1937年中日全面戰爭爆發，日本殖民當局為消彌漢人民族意識，積極改造臺灣人，強化日本精神，先後有寺廟整理運動（1938-40年）與皇民化運動（1941-45年）。臺灣人的思想、言論與著述都受箝制，臺灣佛教因此趨於消極遁世。綜觀日治50年，日本佛教的八宗十四派或多或少都傳入臺灣，使臺灣佛教漸趨日本化，但亦不無其貢獻，尤其在佛教人才培養、佛學經典研讀與信佛人數增加等方面表現較佳。大抵在日本戰後退出時，臺灣出家僧尼有3千餘人，在家信眾有3萬餘人，而留學日本大學畢業，與中學以上之佛教人士約有20餘人。然而日式佛教普及，使中國沿海傳入之舊佛教日趨式微。

　　1945年10月臺灣光復，政府接收臺灣後大陸僧侶漸次移入。1946年2月，臺灣佛教會於台北市龍山寺成立。

因緣成萬事

3

因果定法則

4

1949年大陸撤退，大批佛門弟子避難來臺，其中不乏各派名僧與學養俱優之僧尼，為臺灣佛教界填補了新血輪。然當時臺灣寺廟多無經典，僧侶受日僧影響，普遍吃葷娶妻，不重戒律，著袈裟到寺廟上班，下班返家後易便服，宛如俗人，無法受人敬重。1949年後的中國佛教在寶島新天地上，一如政府之勵精圖治，重新振作弘揚正統漢傳佛教。已故南部臺籍長老開證法師曾對戰後臺灣佛教的輪廓做了如下的闡釋：

自從中日戰爭第二次世界大戰結束，臺灣…開始過著不同時代的生涯；隨著而來了一批一批的大陸高僧，使臺灣佛教又開創了新的天地，邁向了重興之途。當時來臺的大陸高僧約有三大系：

以智光和尚、南亭、東初長老為一大系，俗稱江蘇派。現在的成一、星雲、聖嚴、了中、妙然諸大法師等，為這一系統中的最傑出者，並且人才濟濟，所以名氣最大，做事也最成功。…這一系統為帶動（臺灣）佛教的先鋒。

印順導師系：人家稱其為學派，門下最聞名的有：續明、仁俊、…如悟法師等，一門書香，盡是弘法海內外的健將，學派子孫大多數重於教育以及

學術的探討。印順導師…日本大學贈與博士學位，…顯耀了中國佛教僧團有德學崇高地位。

　　白聖大師系：教門中稱之為海派，…白公特別關心臺灣佛教的重興，而專心於傳戒度僧事業，傳戒幾十次，所度戒子充滿大地，臺灣地區的佛教也因此而速成一僧多寺多的現況。…是創造今日佛教邁向新時代最大原動力之一。

開證法師描繪出戰後臺灣佛教發展的大體脈絡。江蘇派列居首位，名符其實。該派三位領導長老一智光、南亭、東初法師，在臺披棘斬荊的努力，栽培了諸多中生代人才，其傑出者之首位為成一法師。如同三位長老，成公在臺灣佛教發展史上有不容勿視的關鍵性地位。

歷史動向的關鍵，往往只在一剎那的起心動念。試想大陸淪陷前，天下擾攘，多少英雄豪傑，僅一步蹉跎竟一輩子淪陷鐵幕，或半生流亡海外。當時成公年僅30出頭，便有過人的敏銳觀察力，選擇正確方向及早（1948年秋）先抵臺灣，經過不到一年的觀察適應，對世局已瞭然於胸。內戰熾烈，京滬告急，成公決定迎養太師公智光與師公南亭兩位老和尚來臺（1949年5月抵達），終使兩位

高僧也能夠來台續佛慧命。南老自傳寫道：

　　徐蚌會戰失敗，戰爭烽火迫近上海，心焉憂之。師傳智光老人，尤怕共產黨，一天到晚嘀咕，要到臺灣去；但臺灣人地生疏，去無住處，加以購買機船票不易，因此徬徨無計，心思沸騰。後來承「成一來信上海，請余師徒去臺，謂臺灣信徒多，不會餓死」，於是不顧一切決計來臺避難。

　　智老師徒在動盪艱難的歲月中安抵臺灣，對臺灣佛教的復興，貢獻巍然。智老早年弘教興學，蜚聲大江南北。當時局勢動亂，人心不安，前司法院長居正等倡導，於1950年4月在臺北舉辦仁王護國消災薦亡法會，禮請智老主持淨壇（大醒法師主經壇），誦經為國祈福。此一事件開啟臺灣佛教新貌。1953年1月，臺灣首屆全國性傳戒於臺南大仙寺舉行，智老復應邀擔任說戒阿闍黎。此次傳戒，影響深遠，臺灣僧尼次漸恪遵戒律，齋教徒也跟隨落髮受戒。次年智老又主持基隆月眉山靈泉寺三壇大戒，為寶島佛教僧伽教育樹立基礎軌範。當代佛教界稱之為「僧王」、「法王」，地位極其榮隆。

　　南老對臺灣佛教發展功績更為顯著。1949年之「教難」，慈航法師等大陸來臺僧侶20餘人被警方拘留。後經

因果定法則

營救獲釋，但為保障出家眾今後之安定，中國佛教會理事長章嘉大師等在臺復會，委南老任秘書長，負責會務籌畫及推動。當時中佛會無人無錢，秘書長工作備極辛勞，南老身負重任，積極推動中佛會的運作。1951年3月善導寺啟建仁王護國法會，禮請南老主持淨壇，並請中國佛教會理事長、總統府資政章嘉大師主經壇，誦經祈福。南老於1952年2月創辦華嚴蓮社，定期講經，出版佛教文物，同時又在民本電臺播出「佛教之聲」，為佛教空中弘法之始。1954年南老被臺中佛教會館聘為導師，復在該館創辦「佛學研究社」，招收學僧，培養僧伽人才，成效頗著。1963年3月智老圓寂，次年6月南老創辦智光商工職業學校以紀念之，該校對臺灣佛教與教育文化事業發展，奠定典範。

　　智老師徒來臺之後，方創道業巔峰，而成公乃一介後生晚輩，僅以一封簡短書箋，不僅解救兩位高僧性命，並且為臺灣佛教的發展，開闢新生契機。其高瞻遠矚先見之明，誠為不可思議的事。

　　智老的另一位傳法弟子—東初老人，於1949年4月來臺，東老初寄居北投法藏寺，當時法藏寺內出家眾均不諳國語，東老又不懂臺語，雙方難以溝通，因而時常下

8

山外出。時成公在臺北市中華路開了一家「覺世圖書文具社」，從事佛經流通，專賣佛教書籍文具等。其時臺灣市面均不販賣流通佛教經籍文物，成公自上海訂購佛書海運來台，供應佛教界，生意興隆，成為大陸來臺佛教僧徒信眾精神補給站。東老也常蒞臨看書聊天，成公見東老在大陸曾辦過《中流》佛教雜誌，乃建議其創辦雜誌。此言激發東老，《人生》月刊也順利在1949年5月創刊。《人生》後來成為遷臺初期，臺灣最重要的佛教期刊。成公於初刊時義務幫東老收稿、寫稿，並擔負雜誌的編務。「一言興邦」，成公一句建言，成就東老與《人生》雜誌的重大成就。

成公除了襄贊東老編務之外，且協助其弟子—聖嚴法師—發展道業。東老往生 (1977年)，其剃度弟子聖嚴甫獲日本立正大學博士學位 (1975年)，惟長年旅居海外，與國內各界關係疏遠，驟然承繼道業，鴻圖未能及時發展。他雖於1978年接受中國文化學院之聘請，前往擔任哲學系教授，兼佛學研究所所長。當時該所僅係空殼單位，既無學生亦乏師資，聖嚴法師遂求助成公。成公慨允助之，協助該所順利招生並正常運作，使該所成為臺灣培植佛教人才之重鎮。今日聖嚴法師及其法鼓山，已

聞名遐邇，而他對成公的感激與尊敬仍溢於言表。他說：「在大陸來臺的諸法師中，長老輩的日漸凋零，…成一法師成了下一代僧界心目中的長老。他又是我同輩中的長老，…我恆以成公相稱，以示尊敬。在我輩僧界中，成公乃是一位資質優秀，而且受過完整僧教育及高等教育的人才，專精華嚴、法華等經，唯識、起信等論，同時專攻中國醫學。」

成公戒定慧兼備，因而能不著痕跡，展現深遠影響力。他本人不僅是位得道高僧，確確實實的修行，嚴守戒律，而且見識宏遠，見人所不能見，察人所不能察，言人所不能言，行人所不能行，事事以身作則，身體力行，自行化他，因此弟子、信眾皈依眾多。成公佛學與醫學俱佳，堪稱大醫王，助人解脫身心雙重痛苦。他是上海新中國醫學院與上海中醫學院畢業的高材生，先後在上海與臺北等地義診，施醫贈藥，懸壺濟世，彌補戰後殘破醫療體系之不足，解除廣大貧苦病患之病痛，發揮妙手回春之才華。成公與數位中醫菁英共同倡導成立了中國藥用植物學會（1971年），翌（1972）年他順利當選理事長，創刊《新中醫》雜誌，以推廣研究績效，並且多次與海外（主要為日、韓兩國）中醫交流，擴展國際視

野。

　　成公於1972年春，接受華嚴蓮社住持職務。隨後臺灣遭遇石油危機，物價暴漲，但他仍克服困難擴建蓮社。蓮社大樓落成（1974年）後，他又劍及履及，創辦華嚴專宗佛學院（1975年），採取四年制，與國內、外大學同步進行大專程度的佛學人才培育工作。旋又提昇至研究所（1983年），更進一步培育研究高深佛理人才，至今成果纍纍，許多校友已分至國、內外各佛研所任教，或至國外繼續深造，獲得博士學位，為弘傳華嚴法門而努力。

　　成公在住持任內，經常辦理冬令救濟與災害救濟、也設置大專學生學佛獎學金，既關懷社會問題，又呵護青年學子。由於佛學上的卓著成效，也使他在中國宗教徒協會中（1943年由太虛大師、于斌主教等發起），擔負重任，並於第9屆會員大會上，被推為理事長，致力擴大佛教與各宗教間的溝通交流。1984年美國東方大學為推崇其對佛教文化、教育、社會福利事業的奉獻，特由校長普魯典親自頒授他名譽哲學博士學位，其貢獻可見一斑。

　　成公長老七十餘年的弘法利生歷程，其教化與影響已遍及亞、美、歐各地。近年來又深入中國大陸，恢復祖庭，在艱辛過程中，修復古剎泰州光孝寺，完成南老

因果定法則

的最大遺願。旋又復建早年剃度的出家海安觀音禪寺。可見成公飲水思源，不忘本家，回饋故鄉父老。期間風塵僕僕、往來奔走、任勞任怨，充分發揮「大慈無我」之精神。他秉著將「因果定法則、因緣成萬事」，教化眾生。林林總總，成果斐然，非此短序所能盡言，謹隨手記下與閱讀本書相關的時代背景、關鍵所在及個人訪談心得，提供讀者參考。成公口述經歷嚴謹恪遵「口述歷史」標舉之要旨，據事直言，只談事實，不誇大，不溢詞，用供他日修纂國史素材，也為當代佛教史留下點滴註腳。

　　本書得以順利完成，首先感謝成公長老與華嚴蓮社眾法師。訪問期間成公已高齡92，每次兩個多小時的訪談，他老人家總是侃侃而談，神采奕奕，娓娓道來，了無倦容，誠如口述歷史學者所言：當一個人談起年輕歲月，就立刻回到從前，變得生氣蓬勃，往往把訪問者，看成知心朋友。我們很榮幸有此機緣親近成公，由衷敬佩其精神與氣度，每次訪談都如沐春風、法喜充滿。我們也感謝蓮社裡的賢度等法師，他們視我們如同摯友，極力幫助我們，使訪談工作順利進行完成。

　　其次要感謝老友宋文德居士與方甯書教授的協助，

文德兄自得悉我從事訪談佛教人士以來，就多方設法幫
助我尋求訪談對象。方教授為前述高僧東初法師最親信
的在家弟子，生前倚畀重任，其後協助東老的繼承出家
弟子一聖嚴法師創辦中華佛學研究所，方教授為第二任
及第四任所長。方教授謙和熱心，與佛教界諸高僧大德
均有良好關係，初期訪談工作即由方教授予以安排。更
令人感動的是為使訪談工作順利，方、宋兩位前輩老
友，不遠由新北投與桃園趕來，陪同協助我們進行，直
到我們相當熟稔後方放心離去。前輩高誼盛情，令後生
的我們永誌難忘。

主訪者　卓遵宏敬識

2006.3.6.

童年回憶

第一章

因緣成萬事

我是江蘇省泰縣曲塘鎭黃柯庄人。1914（民國3）年農曆甲寅2月28日，出生在一個姓王的農家。父親正興公，母親孫太夫人，膝下總共有3男，我排行第二，名汝康，字仲義。

我自幼體弱多病，爲了祈求增福延壽，11歲便隨母親吃長齋。小學畢業後，仍爲病所苦，忍痛放棄升學，棄俗出家。時大伯祖父生二子，無男孫，長兄汝信膺選過繼，故我在家中排行便升爲長男，按理應無出家可能，但我堅志以求，終於在15歲（民國17年）時，說服家人達成夙願。依同縣營溪鄉的觀音禪寺春遠上人披剃出塵，法名覺因，字乘一，號成一，別號壽民，後來以號行世。我從15歲那年出家，到今（2005）年，已經過了70餘年。

一 、 童 年 記 趣

談起我的故鄉，是很有趣的，若從民國初年江北農村的角度來看，傳統中國農村的宗教信仰也是件有意義的事。我出生的地方，可說是不折不扣的傳統鄉

村社會。長江以北一片平原，村民多半務農維生。一般農人的生活，可用「莊稼生活半年閒」這句話來形容。每年5月起，農人忙著收麥子：大麥、小麥、燕麥等，應有盡有。冬天來到前，約在9、10月間播下麥種，到了翌年5月開始收成。收成後省著吃，並儲藏一些準備過冬，之後要準備種稻插秧。在故鄉農民的莊稼，夏天種稻，冬天種麥。農家收穫的稻子、麥子，能拿出去賣的不多，繳了田租，多半僅能維持自家必要的口糧而已。要是遇上戰爭，艱苦的日子就來了。

我有記憶，應該是從我3歲時開始，因為從那一年起到我入學前，發生了幾件難忘的事。一是怕黑暗。當時的農村人家，夜晚都是點一盞油燈來照明，一到夜間，到處漆黑。幸好晚飯後，沒活兒好幹，大家圍著一張方桌，天南地北的閒話家常，說故事，減少了我的怕黑暗心理。二怕鬼。每當大家說鬼故事時，我總是爬到方桌上坐在燈旁邊，因為桌子下面漆黑，生怕有鬼來拖我的腿！三怕骯髒。平常我大都是坐在大板凳上或桌子上，就是怕地上太髒。有一年夏季午後下了一陣雨，爸媽和大姐們，都在曬麥場上搶

收穀子，以防淋濕。等把穀子收好，雷雨跟著來了，大夥兒回到屋裏，沒看到我，大家心裏慌了。幸虧大姐眼尖，看到我的蹤影，於是大聲嚷著說：「弟弟坐在家神櫃上呀！」爸、媽聽她如此一叫，立即把眼神都投注到家神櫃上，原來我正在那兒搬弄小神像玩呢！

有一天，我母親要整地種菜，但缺少翻土的釘鈀，我自告奮勇，到隔一條小河的鄰居鍾家去借。鄰居家女主人——鍾奶奶，見我一個人跑到她家，非常驚訝。當我說明是要向她借釘鈀後，她先問我拿不拿得動，我說可以。鍾奶奶把釘鈀取出，擱在我肩上，要我慢慢走。忽然他家一隻大黃狗衝著我竄出來了。我這一驚非同小可，不禁放聲大哭起來，鍾奶奶見此情形，連忙抓住那隻大黃狗，把牠關進屋裏去，一面把我連同釘鈀抱起來，送我回家。

我4歲那年的農曆3月18日，母親和大姐帶我和大哥、三弟（剛滿1歲），到離外婆家不遠的孫庄藥師庵去趕廟會。母親帶著我們姐弟4人各處敬香磕頭之後，又特別帶我們到一株大公孫樹下，向那2、3人圍著大樹敬香叩頭，然後拿出一團紅頭繩兒，先向大樹

4

身上一繞，又叫我們拜了一下，就把那紅頭繩子截成4段，分掛在我們4個小孩頸子上，算是給樹神做了乾兒女，希望以後可以得到樹神保佑，無災無恙了。這是我此生中首度接受宗教洗禮。

我在5歲那年，也鬧了一椿永難忘記的事。記得是在農曆5月，爸爸及大哥都到田裏插秧，我覺得好玩，也到水田裏去「幫忙」。不一會兒功夫，兩隻小腳上鑽進了3隻水蛭蟲，傷口出血；大人們發現後，急忙將我抱上岸，帶回家，用鑷子拔出水蛭，洗淨腳腿，從此他們便不讓我再去水田了。

同年有一天，大哥汝信（長我6歲），帶我到他就學的私塾去玩。從家裏到私塾，大約有一華里半的路程。我跟隨大哥走了一段路之後，忽然對他嚷著走不動了，要大哥揹我。大哥雖然長我6歲，但要他揹一個5歲大的孩子，也很吃力，所以在他揹了一段路之後，大哥叫停，休息了一下之後，大哥要換一個方式帶我。他又騙我走路，說走到書房，他給我吃雞蛋（那是他帶的中飯菜）。我被騙又走了一段路，快到書房，又叫走不動了。結果大哥他不揹我了，他叫我趴在路邊的一個草堆上，然後一手抓住我一隻腳，把我

提著走到書房，引起老師和同學們一陣鬨笑！在書房待了一會兒，大家都在念書背書，我沒伴，覺得不好玩，就吵著要回家。老師還哄了我一陣，也沒有用，只好讓大哥送我回家，下午再去念。經過這一次的胡鬧，大哥以後再也不敢帶我去他就讀的私塾了。

二、啟蒙入學

我6歲時，懂的事多了些，會幫忙家人到小河裏提水，還會學大人們邊做活，邊唱山歌。我因喉嚨宏亮，唱歌很得大人們的喜愛。那年春節過後，私塾館的韓先生認為我可以進學了，所以在私塾館開學的那一天，父親就叫我跟隨大哥，帶著一把香，一同去書房拜見老師，算是進了學。在我6歲、7歲兩年中，我念完了3本小書——《三字經》、《百家姓》和《千字文》，這是入私塾最基本的課程。此外，還念了《大學》、《中庸》及《論語》。《論語》念完，私塾的課就結束了。當時念的方式是：老師講，我就專心記，也不了解內容說什麼意思，教多少就背多少。

因緣成萬事

5

因果定法則

　　到8歲那一年，大哥錄取離家4里多路的韓氏私立小學，我也跟著他一同去就讀小學。韓氏私立小學屬於新式學校。我在那一年夏天，患了一次腹瀉，因鄉間沒有醫生，沒能即時治療，而變成慢性腸炎，經常鬧肚子，人也變得瘦弱不堪。翌年我已9歲，父親顧念我體弱多病，不讓我再去韓氏小學讀書，改入本庄王汝盛堂兄的改良私塾就讀，雖然念念停停，不過也有些進步。

　　10歲時，續讀一年，對文字理解進步不少。這一年，母親請人為我算命，算命先生說我11歲將有一大關，可能有生命危險。我聽到這話，小小心靈也覺得很緊張。我母親也緊張，但她只放在心裡的，不表現出來。母親是信佛、吃長齋的。有一天我跟母親商量，我對母親說：「假如我在11歲就死掉，很可憐的！我還沒有修行，死了以後一定很苦，我想跟媽媽一起吃長齋，也來修行！」母親聽了很高興，她說：「你能吃長齋，很好啊！」於是我就開始吃長齋了。自從吃了長齋以後，身體慢慢變好；不但沒有死，而且也沒什麼大病，書還照念。到了歲末，我又跟母親商量，我說：「媽！菩薩真靈，人說我11歲會死，現

在已經年尾了，我想繼續吃3年齋。」我們家鄉有這個風俗，吃3年齋報父母恩。母親聽了很感動，她說：「你能這樣修行，很好啊！」於是我又繼續吃齋。

這時我的學業程度，可以插班小學5年級，再讀了2年韓氏小學，就順利的完成了高小學歷。13歲時小學畢業，要考初級中學了，3年齋還沒吃完。我們那時候讀中學不容易，要走離家10幾里的路去參加考試。在農村，要念中學得跑到10里外的地方去，在當時算是很普通的事情。

該考初中了，我懷著極度興奮的心情，積極地準備功課，誰知就在這緊要關頭，忽然又生病了，而且生的是失眠症。這本來是老人病，白天精神萎靡昏昏沈沈，夜晚興奮不能入睡，很麻煩。一連幾夜，令人焦急難安！我心想，若失去考中學的機會，無法升學，我這一生可能就完蛋了！

出家經過

因緣成萬事

一、出家原由

　　有一天晚上，我躺在床上看書，因為睡不著，胡思亂想，想到：我這一生肯定是完蛋了，將來要做苦工，我實在是不願意！怎麼辦？就在悲觀、失望之際，忽然想起一件往事。回想3年前，算命的說我11歲會死，後來我發願吃長齋，祈求福報，結果那年不但沒死，也沒有生病，可見菩薩很靈。現在我又病了，不能考中學，影響前途很大，不如索性去出家修行算了，當和尚也是一條出路啊！

　　主意既定，心中感到無比的興奮，認為生命有希望了！就在這一念之間，決定了我未來的一生。

　　第2天早上起來，我跟家人宣告說：「我已經決定了，我要出家去！」這個主意，全家人通通都反對。理由就是我前面說的：我們雖有弟兄3個，我是老二，但大哥過繼給大伯祖父那一房，我在家譜就升格，便成我們這一房孫子輩中的老大了。我還有一個弟弟（老三），叫汝祥，天資很低，已經10歲了，50

個數目字還數不清楚。老人家總是不希望膝下沒有子嗣，大兒子已經被人要去，二兒子現在又要出家，沒有人來承擔家業，所以他們一聽就十分反對。我想汝祥雖然智商差一點，但是他身體還不錯，所以我對他們說：「反正我們家是種田的，大哥雖然過繼到大房去，但是他還可以照顧父母。我出家也不是從此跟家裡絕緣，還是可以照顧你們，請你們放心！我們家鄉也有很多師父，假使父母年紀大了、沒人照顧，帶到廟裡養的也有。假如有這麼一天，我也不會把父母拋棄的！」

首先提出強烈反對意見的是祖父，他老人家以堅決的口吻說：「出什麼家？有病可以去找醫生醫治，怎麼可以有此等消極想法？」當時的出家人，被人譏為「朝中的懶漢，社會的蛀蟲」，想不到祖父對出家人也是這種看法。祖父對我要出家的態度，可視為當時佛教不受知識份子歡迎的普遍態度。為甚麼呢？本來出家人應當要講經說法、興辦慈善事業、濟度社會眾生，但那時的出家人卻全無這些想法，只忙著趕經懺、做水陸或超度法會。

接著父母親及大姐也開腔了，他們說：「不行

啦！你不可能出家的，因為你大哥已經過繼到大伯祖父家去了，你在家已是老大，說什麼也不會讓你出家呀！」我說：「你們不要急，且聽聽我的苦衷吧！這幾年來，我身體一直不好，時常生病，精神痛苦，現在又不能參加考試升學，這樣下去，我不是變成廢人了嗎？前2年，我因發心吃齋，所以避過一次死亡的厄運，現在又生病了，令我覺得唯有出家，方能躲過這次惡運。再說，家中還有三弟，並不是除了我就絕了嗣呀！請你們讓我達成這小小的心願吧！假如不死，在寺廟裡能修得一點道行，我也還是可以報答父母恩情的！出家人奉養父母，並不是沒有的事啊！」但是不管我怎麼說，就是沒有一個人同情我，當時我顯得非常地孤立無援！

二 、 決 心 出 家

　　我出家因緣非常奇特，過程也很不簡單，以下就詳細的談談我出家的過程。

　　初中入學考試的考期過後不久，我的病也好了。

12

因為全家人都反對我出家，所以我也就不再提出家的事。一方面幫忙家事，一方面暗中打聽熟人中，看有沒有跟寺院和尚熟識的人。當時鄉下交通不便，也不知道去哪裡找廟，只好就我們親戚當中，尋找有人出家，對我家有點影響的人。從小我去廟裡拜佛，但是那些和尚都沒有能力講經，對佛、菩薩只是像拜關公、媽祖一樣，那時候的佛教就是這樣，神佛不分。

15歲那年，有一天我無意中聽到有一位堂房的叔公王希國老爹，在跟朋友們談論營溪觀音禪寺道如和尚的為人。他說：「道如和尚對朋友很豪爽，從不隨便佔人家便宜，值得交往！」我聽在耳裏，記在心中。後來又聽說：叔公與道如老和尚交情甚篤，常一起喝茶聊天，甚至打紙牌消遣。過了幾天，我在路上遇到希國老叔公，立即抓住機會，請他幫我介紹到營溪觀音禪寺去出家。他對我說：「這件事，我曾聽你父親談過，他是堅決反對你出家的！」我說：「這是我的志願，他們反對沒有用，請您老人家幫我介紹吧！我會很感謝您！」他說：「好吧！我遇到道老，跟他談談看，有消息我會告訴你。」我見他答應為我介紹，高興得幾乎跳起來。我心裡想：「此事一定能

成，老和尚老朋友的子孫要來出家，還有不同意的
嗎？」觀音禪寺的信徒很多，一般寺廟祇有5、6個
莊，觀音寺卻有28個莊，算是鄉間大廟。有叔公的介
紹，我出家乙事，也就機緣成熟了，祖父聽了也沒話
說。我就看好了日子，準備出家去。對希國老爹的助
緣，我是永遠不會忘記的！

　　大約過了10多天，希國老爹有消息了，他說：
「道老正在找小和尚，一聽說我的侄孫要出家，他當
然歡喜答應了。你就準備去吧！」我回家把這件事報
告爸、媽他們。這次很反常，他們居然什麼也沒說，
祇問：「那你什麼時候去呀？」我說：「待我看個好
日子再決定！」後來從曆書上看到，農曆11月15日
是個黃道吉日，又是齋日，我就選定這一天，並隨即
向父親請求，要他在那一天送我，他也答應了。我從
那一天起，就積極準備。

　　在急切期盼中，11月15日終於到了。我是跟父
親同睡一房間的，早上醒來，睜眼一看，父親床上竟
沒看到人，我想父親大概先起身處理家事去了。我在
洗漱後，先把準備好的小包袱拿出來，然後在佛前、
祖先牌位及灶神前，都上了香，也分別禮拜過後，就

因果定法則

開始吃早粥。奇怪的是，怎麼一直都沒有看到父親？等到吃過早飯，我向祖父、母親、大姐他們辭行，然後搬一條長板凳，背著小包袱坐在大門外邊曬麥場上，等父親回來送我去出家。

在我們江北家鄉，農曆11月中旬，已是一個朔風怒吼，冰天雪地的嚴寒季節了。我家門前、曬麥場上，積雪深逾一尺，我就坐在雪地上等著父親回來。因為營溪觀音禪寺離我家有6華里的路程，而我又沒有走過，所以必須由父親送我。當我坐了約一個多小時後，母親和大姐都來勸我，外面太冷，先回到屋內休息，等父親回來，再一同出門，免得凍著生病，可不是好玩的。我說：「不行！我已拜過佛、禮過祖，出了家的人了，不可再回家的，你們請回屋裏去吧！謝謝你們！」這時，母親和大姐都已淚流滿面，一方面還在苦苦的勸我，拉我回屋裏去避寒，我下定了決心，任他們再怎麼苦勸，好說歹說，我是絲毫不為所動的！

就這樣午飯也沒有吃，水也沒有喝，在寒風雪地裏，一直待到晚上差不多9點多鐘了，母親的眼睛都哭紅了，姐姐的臉龐也凍青了。我想：今天這麼晚

了，八成是走不成了！爲了怕她們兩人陪我挨凍受寒，不如就接受她們的好意，回屋　過一宵，等明兒一大早，不管父親回不回來，再上路也就是了。主意既定，於是向母親和大姐提出條件說：「今天，天太晚了，父親還沒回來，可能走不成了，你們跟我挨凍受寒，生起病來不是玩的！這樣吧！今晚我依妳們回屋　再過一宵，不過你們要答應我一個要求，我可眞看好今天的日子出家的，絕對不能錯過！我今晚回屋待一夜，在明晨天沒亮以前，妳們要讓我出門，因爲在天未明以前，還可以算做今天，這樣就不算改期了，你們能答應我這個要求嗎？」母親和姐姐聽我提出條件，可以回屋過夜，立即停止哭泣，滿口答應了我的請求。當我們回到屋　不多一會兒，父親忽然出現了！我眞不知他在跟我開什麼玩笑？

　　翌（農曆11月16）日天還沒亮，母親爲我準備好了稀飯和煎餅。我吃過以後，父親什麼也沒說，就帶我出門。走了好遠一段路，東方才開始泛白，我放心了。於是日上午9時許，我們抵達觀音寶刹。高曾師祖上道下如太老人躬親接見，具禮後，太老人命拜見長我3歲之師兄正一法師。正一師兄爲我安排住處，

教我規矩。他爲人慈和易處，太老人更是關愛有加，所以我出家後，並未受到傳說中的那種小學徒被虐待的待遇，反而在各師長愛護與循循善誘下，按部就班地學會了佛教經典儀軌，誠屬幸運！

三 、 沙 彌 生 涯

觀音禪寺原有殿宇很大，禪房很多，是三進兩廂式的格局。頭進是山門殿，中奉彌勒菩薩，兩邊配四大金剛神像；二進是觀音殿，中間供奉坐像大觀音，兩邊是十八羅漢及韋馱、伽藍神像；三進是正殿，也叫大雄寶殿，供奉3尊大佛。這種規模，在大陸也只能算是中等寺廟。這三進佛殿、佛像，都在1930年，被火災燒掉了，當時只有東西兩廂及地藏殿，東廂與三進佛殿中間隔一條圍牆，近原大殿處，有一座月洞門，通西廂及豬舍、廁所。地藏殿對面，有一幢過道房，一明一暗，明間爲進出之過道，暗間爲我與正一師兄住宿處。廟裡沒有小和尚，只有正一師兄，晚上大部分人都去念經，我一個人待在這麼大一個廟

裡面。我小時候很膽小，怕鬼，所以把功課念會了以後，就向太師祖要求，也讓我跟著出去參加念經。我的經就是在這時候念起來的，小時記憶力好，跟著大人多念幾遍就會了。

我出家那年，寺中除道如太師公、正一師兄和我外，還有兩位伙計，一名是薛朝貴，負責做佛事時挑經擔子，一般都喊他道人；一名是許蘭泰，負責燒飯及雜務。我上面有兩位曾師祖，一號文心，一號以心（智光法師）；兩位師祖，一號潤亭，一號南亭，據說當時都是在他鄉大廟的住持方丈。另有師父5位，依次是善遠師父、良遠師父、春遠師父、恆遠師父、厚遠師父。厚遠師父很聰明，不幸於前3年往生了，我就被安排依春遠師父披剃出家，學習佛教經典儀軌。此時三進正殿已被燒燬，人少地方很大，顯得有些空蕩。

觀音寺有良田83畝，除廟基10畝外，餘73畝皆租給佃農耕種，藉收租穀以充道糧。廟基10畝，除殿宇禪房用地外，尚有5、6畝地，供種菜及寺前廣場用。另外經濟來源，則靠做28莊信徒的佛事收入。由於我的故鄉佛寺很多，所以信徒劃分，以莊為界，按

因緣成萬事

17

18

廟大小分配；觀音禪寺屬大廟，所以它擁有28莊信徒，平時足供10餘位出家人生活，及修繕、交通、交際等費用。

這座觀音禪寺，原來的經濟情況不錯，但由於原住持生活腐化，殿宇破舊不堪，佛像也多年未整修。民國初年，地方上莊董聯合豪強把他趕走，隨後禮請我的高高曾師祖上玉下成太老人接任住持。玉太老人出家的祖寺名宏開寺，道如高曾師祖，乃玉太老人唯一的一位高徒。那時大概是距今110、20年前的事，玉公太老人接下住持，也曾在觀音寺住過一段時間，把殿宇修葺一新，佛像重新裝金以後，就回到泰州城裏僧正司任所，觀音寺就由道如法師當家。我算是第6代的小徒孫。

我能到觀音禪寺出家，可以說真是福氣！因為出家以後，我才知道一般的寺廟都還吃葷，認為吃素不方便；唯有觀音禪寺是吃素的。到一般寺廟去出家，就只有趕一輩子經懺的份兒。而到觀音寺出家，還有出外研求佛學，將來被人請當法師，做大寺住持的機會，我很幸運，一開始出家就遇上玉太老和尚，機緣真不錯。我的曾師祖、師祖、師父輩，多位已經是佛

教的名山高僧，師父、師兄有的正在求學讀書，將來我受具足戒後，定然也有發展前途的機會，想到這，我小小的心靈中，充滿了無窮的希望！

我進寺成為小和尚的第2天上午，高曾師祖道太老人，把我叫到跟前，告訴我說：「從今天開始，你要學習念誦功課經書，還要練習寫毛筆字，今天我先教你念一篇〈華嚴發願文〉，看看你的天資如何？」說著說著，他就把事先預備好的那篇文章攤在桌上，開始教我念。教了兩遍，把一些不常見的生字提出來，教會以後，就叫我坐在地藏殿上，靠東窗的一張方桌上念起來，還特別交待，明天要能把它背熟才好。說起來好奇怪，這篇文章總共465字，念起來很順口，我在一天的時間，就把它背熟了。第2天早飯後，我先將道公的茶泡好，然後拿起〈華嚴發願文〉來背，雖曾有兩處停頓，但總算背出來了。道公用奇異的眼光看了我一眼，說：「很好！今天開始念〈大悲咒〉，也希望你一天把它背熟！」老人家的吩咐，那有討價還價的餘地！只好照念。但咒念起來比較艱澀，好不容易，總算一天內交了卷。接著就是《心經》、〈十小咒〉、〈楞嚴咒〉等五堂功課，大約一個

月的時間就全學會了。聽人家說，學念〈楞嚴咒〉，額頭被打得鴨屎臭，而我勉強能以7天的時間背熟的。還好，我從未因功課趕不上進度而被打過。

五堂功課念畢，可以參加做早、晚功課了。唱的偈讚，祇有〈爐香讚〉是由正一師兄，抓住我的手，打拍子板眼教會的。〈起佛偈〉是鄰庵一位小沙彌教我的。其餘的一些大、小讚語，都是跟著大人出去參加做佛事聽會的。原來觀音禪寺地方大人少，晚間大伙兒常常外出幫人放焰口，留我一個人單獨在寺裏，心裡總免不了害怕。所以在念會五堂功課後，就跟挑經擔子的薛朝貴講，要他少請一位師父，帶我出去湊數。道公太老人可能也顧念到這件事，所以薛朝貴向他一說，馬上就得到他的首肯，從此我就跟著大夥兒出去應付經懺佛事了。《金剛經》、《十王懺》、《焰口本》等佛經，我都沒有正規正矩的跟師父學、背，而是在經懺法會道場中跟著學會的。最初參加的前幾次，有些緊張，所以兩鐺一鉿的法器，有時候會跟不上，我老落在後面，常被人用鼓槌子點我的光頭，心裏又羞又窘，但沒有多久，就能應付自如了！

四 、 初 次 回 家 省 親

　　我出家一個月以後，就跟著大人們到信徒家做佛事，從中又學會了不少的名堂，小小心靈上，興起或多或少的得意。雖算不上衣錦想還鄉，但總有一些思鄉之情，因而選了一個沒事的日子，向道公老人請假，回俗家探望父母省親。道公答應了，不過，他還是要我穿起他給我的那件長小褂（我穿著就像是大褂子）回家，表示這樣才像個小和尚，我當然祇有照做了。

　　說實在的，我內心　也希望穿上一件僧衣回家表現表現。我向道公請了一天假，說好第2天吃過午飯就回來，道公也慈悲答允了。於是我就一個人抱著幾分冒險的心情，回到了離別僅一個多月的家。爸、媽、大哥（他因學校放年假回家，還在家　）、大姐等，看到我這個小和尚一進門，他們都既稀奇又高興的圍著我問長問短，嘻嘻哈哈，樂個沒完沒了，媽媽笑眼中含著高興的淚，恨不得要把我抱在懷　疼一疼！

　　一陣鬧過後，我就去向祖父（分家以後，祖父就一個

人住在堂屋裏）請安。祖父一見到我，就說：「你跑到營溪廟裏去啦！那間廟聽說是玉三爹（玉成祖師在俗家兄弟中排行第3）當住持，你見過他沒有？」我說：「還沒有！三老爹現在回顧家庄去了，不住觀音寺！現在營溪廟裏是他的徒弟道如太老人當家。」祖父問我：「你去了有一個多月了吧，還過得慣嗎？」我說：「很好！我現在已經會念早、晚功課了！」他老人家很高興，對我說：「你能到這一家廟裏去很好！玉三爹很有名望，聽說還帶了幾位有成就的徒弟、徒孫哩。你要多多地念書，將來也可以到外面大地方去闖一闖！」「是！爺爺！」說罷，我就告辭，再回去和大哥、大姐聊天。吃晚飯時，一家人都團聚了！媽特地燒了幾樣我喜歡的菜，還準備了麵，因大姐是正月過生日，順便爲她慶生。我們弟兄都爲她夾菜，祝她生日快樂！三弟汝祥也學會客氣了！爸、媽今天顯得特別歡喜！

第2天上午，我就要回營溪了，爸爸要送我，我婉謝，對他說：「不用了！我昨天回來，已經把路記熟了！」大家說了些珍重再見惜別的話後，我再度踏上出世的歸程。道公太老人見我準時回來，覺得我這

個孩子尚能守時守信，顯得十分喜悅。

五 、 佛 學 院 念 書

　　我出家後的第2年，道如太老人生病了，鄉下醫藥很貧乏，人一得病，除了靠那些學徒出身的中醫，用些不痛不癢的藥，碰碰運氣外，簡直就只有死路一條。道公平素身體就不太好，患有哮喘病，這一次又新添了腸胃病，飲食日少，形容也益瘦弱，終於沒能鬥得過死神，在他老人家63歲那一年3月間圓寂，往生佛國了。

　　在道公病重時，我的大師公潤亭和尚，由外地（好像是泰興城）趕回觀音寺接任住持。他不做什麼學問，趕經懺倒很在行。他有吸水煙的嗜好，人長得也高，用錢很節省，很能吃苦。他把道公的喪事辦完後，就發動化緣修建大殿，裝塑佛像，這件大事一展開，我們大家也就跟著忙起來。這時我有一位堂房的弟弟，俗名王汝義，由大崙庄岱岳寺跑到觀音寺來出家，潤公給他的法名叫果一。他每天早飯一吃，就揹

24

著韋馱菩薩像出外化緣，我們師兄弟倆（正一師兄去焦山受戒尚未回來），另外加上一位大師公在泰興度的一位徒弟寧遠師等3人，一面應付佛事，一面照顧工人茶飯，也著實忙了一年多，大雄寶殿三尊大佛、一尊觀音像，先後竣工了。

重修後的大殿，大小跟從前的差不多，形狀較為莊嚴。此時正一師兄也從焦山受戒歸來了，寺裏人手多了些，也比較熱鬧了。到第3年秋間，有一天離觀音寺不到20華里的曲塘鎮宏開寺來人，請客師去幫他們念經，潤師公就派我和果一師弟同往。到達之後，首先向高高曾祖玉成太老人禮座。他老人家那時已經82歲，看到我們很高興，頻頻說：「好！好！」但問了沒幾句話，我們就頂禮告退，出堂念經去了。這是我第一次看見玉成太老人，也可以說是我出家走向正途的開始。第2天經念完了之後，再向玉太老人頂禮告辭，太老人向我們倆看看，點點頭，似有所盤算。我們回到觀音寺不過一個月，師公南亭老人，從泰城光孝寺寄來一封信，要我們倆準備，過了新年，到光孝佛學院念書。這一天大的喜訊，簡直使我們不敢相信，但由泰城寄來的信，確不容懷疑。南公知不知道

我們兩個土包子徒孫，倒是個問題！那麼這件事，八
成是玉太老人的慈悲安排了！我們兩個想到這一層，
不禁雙雙地向宏開寺方向拜了三拜！

　　我們一方面將此消息告知了大師公潤老人，一方
面也抽空回俗家向祖父、父母親報告喜訊，大家聽了
都很高興。祖父更拉我到他身邊，非常驚訝地表示：
「和尚還要唸書啊？」我向祖父解釋，寺中很多和尚
都是大法師，能夠講經說法，長江南北的寺院住持，
由我們這裡出去的很多。祖父聽了，原本對佛教的壞
印象才改觀。玉成老和尚是地方有名望的人士，也曾
經擔任過僧官，聲望很高。祖父告訴我說：「年輕人
到外邊去，凡事要多尊重別人，不要強出鋒頭！」接
著他又關懷地交待幾句話，他說：「你在外，要善與
人交，謙虛自愛，凡事要替人多想為是。」我覺得老
人家這番教誡，彌足珍貴，所以我一直將它奉為圭
臬！

　　我很幸運，出家的觀音禪寺有那麼多的信徒和田
產，每年有足夠的田租可收，經濟不虞匱乏。在
1898（清光緒24）年的時候，康有為、梁啟超這些人
幫光緒皇帝搞維新君主立憲運動，計畫都訂好了，仿

照日本、英國，但想到一個問題：行新政，要用新人，滿朝文武都是八股多烘，沒法行新政。新人哪裡找呢？只有辦學一途了；但是辦學要錢，錢從哪來呢？就有人提議，寺廟有錢、有房子，可以利用佛寺的財產、房子來辦學。這是近代史上第一次廟產興學風潮的由來，詳情留待下一章再談。

就讀光孝寺佛學院

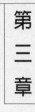

因緣成萬事

一、光孝寺沿革史

我們家鄉泰縣是個古城，向稱「漢唐古郡，淮海名區」。自漢代以來，此地一直為江淮間的主要糧食生產和集散地，也是淮南鹽的主要產地，到宋代經濟地位更形重要，經濟發展也帶動佛教與佛寺的興起。

我是1936（民國25）年到光孝寺讀書的，當時的光孝寺，第一主殿靠近大路邊，是山門殿，有5間房子，兩面八字牆，很少寺廟有這樣的氣派。山門上豎匾，上書「古光孝寺」，據說南宋高宗欽賜「報恩光孝寺」。

光孝律寺是蘇北名聲遠播、歷史悠久的大廟，始建於東晉義熙14（西元478）年，歷代出了不少高僧，做了很多弘法、傳教的工作。宋徽宗首以其年號崇寧（崇寧2年，西元1103年）賜名泰縣的這間太廟為「崇寧萬壽寺」，這是極高的榮譽。隨後改賜為「天寧萬壽寺」。南宋第一位皇帝高宗定都浙江杭州後，想超度徽、欽二宗，聽說江北有一光孝寺，寺中僧人逾千，

28

於是在紹興8（西元1138）年，就到光孝寺做佛事。做完佛事後，皇帝見寺裡人多，香火盛，秩序好、規模大，很是感動，便賜田5,000畝。從此以後，光孝寺名聲更大，也因此常遭地方財主、地主的忌妒，時而想來巧取破壞，幸廟宇積福深厚，始終無恙。直到民國，其間雖歷經幾度盛衰，但每朝每代幾乎都能有所成就。

清光緒年間，鎮江、揚州、泰縣等地十大寺聯合進京請藏，光孝寺得一部，故藏經樓上佛龕兩旁，列有「欽賜龍藏」、「奉旨回山」、金爪、鉞斧等銜牌、執事。龍藏有7,200多卷經，現在存放於寺中的藏經樓，該樓就是在那時修建的。修此大樓有個故事：主持其事的法師發心修廟，惟工程浩大，終其一生未能見其完工，於是轉世到泰州城內一紳士家中，生下後不停啼哭，滿月後家人抱到廟裡上香，一進寺中便不再哭啼了。後來寄名廟中，長大後就到光孝寺出家，法名「香雨」。他出家後用功讀書，修學佛法很有成就，長大後成為光孝寺住持，繼續完成藏經樓的建設。他過世後，藏經樓就取名「香雨樓」以資紀念。

1898（光緒24）年，清廷開始進行戊戌變法，廟

產興學風潮時起。光孝寺的住持谷鳴和尚，召集全縣寺廟住持開會，對大家說：「現在佛教界正面臨生死存亡的關頭，我們要共同商量一個對策。」商議結果，決定成立一個衙門，請一位僧官，讓他來應付此事，因爲那時候還沒有佛教會組織。僧官是在中國歷史上本有的制度，泰州當時沒有僧官，爲了這件大事，成立僧衙門，擔任僧官是玉成高高曾師祖。玉成老和尚對經書與教育工作曾下過功夫，能寫文章、對聯，處事很有章法，他是聽《楞嚴經》開悟的，所以大家公舉他，出來擔任泰州「僧正司」。

僧衙門組織起來以後，上報朝廷，並經皇帝批准。玉成老和尚就任後，即向朝廷上了一份奏摺，平息了此一風潮。奏摺中所提出的第一個理由是：廟產不是私人的，是十方僧眾的，是出家人公有的，住持只是管理人，無權處理，任何一個僧人都有權利到廟裡修行。後來南京國民政府在1927（民國16）年成立的時候，在有關管理寺廟條例的規定中，也有這條。寺產是信徒奉獻的，其目的在爲施主、爲捐獻人（信徒）消災祈福，超渡亡魂，弘揚佛法，供養三寶，增長福慧，此財產是有因果的，普通人不能隨便挪用。

　　第二個理由是：放眼世界，沒有一個國家政府拿教堂、寺廟的財產來充公的，如果我們這樣做，會貽笑大方。朝廷收到這封奏摺，也認為言之有理，不能輕易動用廟產。那時土豪、劣紳、地痞、流氓聽到皇帝要用廟產興學這個消息，就開始趕僧尼，搶廟產，認為廟裡有錢，不但不信仰佛教，還忌妒、仇視寺廟。這種情形直到民國初年，光孝寺一位法師去請太虛大師來寺講經，才把這個觀念打破，這些原來反對的人，在了解佛經的道理後，許多人一起皈依，成為佛教徒，並資助、協助太虛大師辦印《海潮音》雜誌達3年之久。

　　玉成老和尚做了16年僧官，挽救了很多寺廟，從地痞流氓手中討回許多廟產，功勞很大。在平息廟產興學風波後，凡是在他座下出家的小沙彌，一律不准出外趕經懺，都必須去唸書。從那以後，許多寺院也紛紛警覺，開始辦學，培養佛教人才。這個傳統我們承繼下來，直到現在。我們希望佛教界能夠不斷地辦學，弘法講經，興辦慈善救濟事業，因為佛教不光只是做一些經懺法會，更重要的，是要使人了解佛法，進修福慧，解決人生的生死問題。

　　廟產興學事件平息以後，一般寺廟都從中驚醒。玉公老祖師號召大家，不要光只是做佛事，要多辦教育，提高出家人的水平，出家人若能講經弘法，讓大眾了解佛教的真義，就可以讓佛法普遍的弘揚。後來我們的師公、師父們都很注意辦學，光是佛學院就大大小小辦了10間以上。

　　民國成立，僧衙門改為佛教會，玉太老人才告老回寺修行。除了培養下一代外，他也非常注重自己的修行。老和尚活到1936（民國25）年，83歲時才圓寂。他一生除了平息上述風波修復寺廟等功德外，每天早晚功課不間斷，並持49遍《大悲咒》。雖然他人的廟破舊了，他仍發心幫人修復重建，且不佔他人的廟。他的徒孫智光老和尚做過焦山定慧寺住持，文心老和尚做過泰州城外北山寺住持，也都注重辦學。智光老和尚有兩位徒弟：靄亭（文心徒）與南亭（智光徒）。我個人承續庭訓，受益很多，一生也以興寺廟，培植人才為職志，一直到現在仍幫觀音禪寺及光孝律寺修好，成立佛學院與佛學研究所，都是稟承他老人家的遺志。學他老人家，不趕經懺，發展佛教文化教育，以及推動社會救濟工作。

32

　　1931（民國20）年春，常惺法師接任泰州光孝寺住持，他是上海華嚴大學出身的。當時把常惺法師請來的是敏學老和尚，他在1925、1926（民國14、15）年擔任住持。這江北第一大寺要應付地方士紳，很頭痛，因為他不善應酬，且又不善於處理寺務，使5、6千畝的一座大寺，搞得敗落不堪，最後1928、1929（民國17、18）年的時候，寺中大院有一小庵，裡頭已沒有人，原歸寺所有，但地方政府決定以此庵做招待所。此一決定使敏學和尚痛苦不堪，他一發火，索性將小庵給拆了。地方上要趕走他正缺理由，這下正好以破壞古物為由，把他趕走。官方的人瞧不起敏學，彼此隔閡很深。他的前任住持叫做培安，很有修養，但也不善應付官方。培安、敏學都是出身寶華山，這兩位老和尚，不善於和地方人士周旋，民國以後又有新的律法，他們也應付得很辛苦。培安老和尚嫌此地太複雜，不願意再做下去，不久就圓寂了。他們都欠缺現代知識，只知道唱念佛事，不知培育徒弟，研求佛法，寺廟因此敗落不堪，到了炊食不繼的地步！兩位住持竟虧空6萬多銀元的債。

　　常惺和尚會去光孝寺擔任住持，是我太師公智光

老和尚向江蘇省佛教會推荐的。當時太師公在焦山當家，也兼任佛教會的理事，認爲常惺老和尚佛學精湛，應付地方不成問題，在他推薦下，常惺老和尚在1931（民國20）年擔任住持。常惺老和尚很有智慧，佛學、世學都很也好，但很可惜，他南北奔走，在北京辦佛學院，廈門也辦一個佛學院，兩邊跑，有時還得去上海、雲南講經弘法，把身體弄壞了。到了1939（民國28）年，他在中國佛教會當秘書長，會長是圓瑛老法師，不管事，庶務皆是秘書長處理，辦理救災、傷兵醫院等項工作，因辛勞過度，吐血而逝。

　　我的師公南亭老和尚是常惺法師在安慶迎江寺所辦佛學院時的學生。鎮江竹林寺的住持是靄亭和尚，南亭和尚曾在那裡幫他的佛學院當教務主任兼主講。常惺法師在光孝寺一個人忙不過來，想要找人幫忙，便寫信找南公。南公處境頗難，到鎮江協辦佛學院不到一年又要離開，師兄靄亭老和尚知道他的難處，主動向南公表示，助人最要緊，師長求助也義不容辭，南公因此便回光孝寺服務。

　　1931（民國20）年長江大水災，蘇北也有成千上萬的災民，流離失所。尤其泰州縣城在長江北岸，泰

34

州東北地勢低窪，大水一來，一片汪洋，幾成水鄉澤國，路可行舟，田地皆淹沒，農人都逃到城內。常惺老和尚戒律修行都很精進，很慈悲，亦注重佛教救濟工作，因此配合政府救災，光孝寺成為難民臨時收容所，除大殿、丈室及退居寮、庫房外，全部提供給難民居住，使災民得以安然度過困境。南公接任住持時，光孝寺有7千多畝地的大寺，南公的第一件事，就是決定向政府登記報備，依照當時規定，佛寺財產不能隨便變賣，要賣必須向佛教會登記，向政府報備核准後，才能出售。南公要賣掉幾百畝田，將債還掉，蒙常老答應。同時多年未收田租，南公住到庄房去，躬親著手整理田租，一下子收到3千多擔稻子。當時佃戶都很單純，聽說和尚來收租，欣然交出，甚至有的人自己不敢食用，而傾囊交出。光孝寺在南公到任後，不但債務還清，欠租收回，還能漸有餘蓄，常老非常高興，馬上宣布就用這筆錢辦佛學院，對於有求助者，莫不樂於伸出援手，隨喜結緣。

光孝寺就在常惺、南亭師徒二人合力下，慢慢起死回生。但辦學需有人才，有師資，當時佛學院的同學大概有3、40位，我去就讀時，寺務已經上軌道

了。但不幸發生抗日戰爭，不久佛學院就停辦了。

二 、 就 讀 光 孝 寺 佛 學 院

　　1936（民國25）年春節過後，大約是正月初10。我和果一師弟，整理好簡單的行李，向潤師公辭行，潤公給了我們每人150枚銅元，他只說了一句話：「你們到了光孝寺，只要好好念書，南師公會照顧你們的！」我們向他頂禮，表示感激，就由薛朝貴推車，向顧家庄出發。當晚就宿宏開寺，因為要向玉太老人辭行，同時另外還有2個小和尚，也要跟我們同去泰城。我們拜見玉太老人時，想不到太老人很慈悲，每人給了兩塊銀洋。吃晚飯之前，另兩位小和尚也到了，一位是景家庄爽亭師叔公的徒弟松遠師，另一位是南公俗家姪兒傳諦師，他們還都很小，大約是13、4歲的年紀吧！

　　次日清晨，我們一行4人，由兩部獨輪車推送我們到曲塘鎮，搭乘小輪船，航行一天，傍晚時分，才到達泰城。登岸後，分乘兩輛黃包車到了光孝寺，因

因果定法則

為寺內沒有電燈，所以暗暗的，看不清景物。此時大殿上傳來小木魚聲，由於大殿高聳的關係，那聲音好像從半空中傳下來的有如天籟，格外悅耳。

我們被安頓在東板堂學生宿舍內，由復一師兄引導我們認識環境。第2天，過早堂後，班長純一師帶我們4人，到方丈室拜見了南亭師公院長，還有當家法師葦宗和尚、監學淦泉法師等。回到宿舍，安排好床位，再向監學法師補填報名資料。

我因為是剛來的新生，所以被編在乙班，跟那些小沙彌一齊上課。當時佛學院分甲、乙兩班。我是鄉下去的小和尚，學歷只有小學程度，所以編在乙班。但是我在聽了一星期的課後，覺得索然無味，就去跟國文老師圓湛法師要求，希望能夠升到甲班。老師說：「好！我給你一份教材，你去上課一個星期試試！」那時他也代理教務。

佛學院下課後，每晚要覆講，翌日上課老師還要抽籤覆講，講得出來才算聽得懂。他給了我一套甲班的課本，要我試聽一個星期，如果能跟得上，就讓我升級；但言明所有課本教材，不管能升與否，皆不得弄髒、弄破，否則要賠償。一星期下來，我能勝任愉

快，算是通過了考驗，自己也覺得獲益良多，取得了升級的資格。一學期下來，30多人中，我竟拿到第6名。這時，同學們都以異樣的眼光看我，有的請我照相，有的請我吃館子。同學們也開始注意我了，覺得這個小和尚很不錯。這是我一生中，初嚐成功的滋味，享受在人群中被人重視的感覺。

我的老師在地方上的一份小報－《江東日報》，闢了一個佛學副刊專欄，他也鼓勵我們學生寫文章。第2年春天，學院放春假，我們去鄉下一所大廟踏青，回來後規定要寫遊記。我的遊記〈春遊感想〉，受到老師讚賞，推薦刊登到報紙上。從那開始，我唸書很順利，老師很重視我。後來智光老和尚從焦山回到光孝寺避難時，聽到這消息，一次就賞我16塊銀洋，做為鼓勵。這在當時是個很大的數字，我作夢也不敢想的。

我在學期間專心用功，不浪費光陰，也少參加同學的活動。佛學院的課程注重中國、印度的佛教歷史，至於哲學，並不特別強調。其實佛教是相當科學的，更超越哲學之上。光孝佛學院主修課程是《賢首五教儀》，相當的深奧，我初始不能全懂，但也得對

因緣成萬事

華嚴宗賢首大師所判釋的如來一代時教，不出三時，十儀、五教、六宗、三觀等課文，念誦得滾瓜爛熟。第二學年，接著又念《華嚴一乘教義分齊章》，因而得知華嚴在佛教學說中的地位，以及它的弘傳歷史。

三、玉成老和尚圓寂

　　我的高高曾師祖玉成老和尚（1854-1936），江蘇省泰縣人，俗姓沈，1854年（清咸豐4年）舊曆7月28日出生，世代耕讀，自幼入私塾，接受傳統儒家教育。年17，隨父渡江，遇暴風覆舟，幸得救。大難不死，體悟人生無常，發心皈依泰縣曲塘鎮宏開寺應懷上人披剃出家，法名嚴璜，字玉成，號脫山。在宏開寺，研讀佛典3年，辭師赴南京寶華山隆昌寺圓具足戒，隨入金山江天禪寺、揚州高旻寺學禪，並朝禮各大名山，拜謁高僧大德，以爲印證。繼預通智法師《楞嚴經》講座於焦山定慧寺，至「七處徵心」處領悟經旨。陳偈印證，有偈云：「尋心蹤跡心無住，究我根源我是誰」，得到通智法師賞識。學成回宏開

寺，重整寺宇，面目一新。

　　玉成老和尚一生致力翻建寺宇，培植後學，聲譽卓著。受玉成老和尚栽培，而成就為佛門龍象與辦佛學院者，有焦山智光大師創焦山佛學院、鎮江靄亭和尚創竹林佛學院、泰縣南亭和尚辦光孝佛學院，靄亭和尚的東蓮覺苑、寶覺女子佛學院、青山佛學院，南京爽亭法師辦南京毘盧佛學院，自一法師的棲霞佛學院、普德佛學院，臺灣南亭和尚倡辦的臺中佛教會館的佛學研究社，及我所辦的華嚴專宗學院及研究所、海安觀音禪寺佛學培訓班等。一門子孫，興辦12所佛學院者，舉世罕見，此皆玉成老和尚熱心僧才教育，栽培子孫，為佛教教育直接、間接所締造的非凡貢獻。

　　道如老和尚有兩位徒弟，都有相當的成就和聲望。一個叫以心老和尚，也就是大家所知道的智光老法師，在焦山定慧寺當方丈，跟太虛大師是支那內學院的同學。支那內學院是楊仁山老居士辦的。當時他們被稱作「新僧」。當初以心法師受聘到焦山，希望在那裡辦學，但是焦山一向都是傳統叢林，且是江蘇三大叢林之一的大廟（另兩個是律宗的南京寶華山、禪宗的

因
果
定
法
則

金山江天寺。前者是我受具足戒的地方，以後再談；後者成為家喻戶曉的佛教名山，是緣於佛印禪師與蘇東坡的傳說，及圓悟克勤禪師主持金山禪堂時，一夜之間，18學人開悟，傳為美談，一般人則因通俗小說《白蛇傳》，有水漫金山的情節而名聞遐邇。），講戒、定、慧三學，算是叢林中的學術機構。他去了要在焦山辦學校，寺中舊人不大贊成，他說：「我當不當家無所謂，但是辦學很要緊。」玉成老和尚的另一個徒弟，叫文心老和尚，任泰州城外的北山寺方丈，屬於禪宗的道場，不過參禪的人不多，還是以應付經懺為主。下有徒孫、曾孫，下來就是我們這一輩，總共有50幾個子孫。我的師兄自一法師，也曾在南京樓霞山當過住持，辦過佛學院。

1936（民國25）年第二學期結束，我們師兄弟仍然住在光孝寺佛學院自修，那年暑假期間，光孝寺的退院和尚，常惺長老回來了。他是應居士林邀請，開講《維摩詰經》而回來的，開學前兩個星期，講經會開始，光孝佛學院的師生，當然是常老的常隨眾。我是第一次聽講大座經的，感到無比的新鮮，正聽得入神，忽然接到玉成高高曾師祖的來信，要我們迅速返回宏開寺。原來玉太老人感到身體不適，要我們回宏

開寺助其念佛。於是我丟下一切的功課，跟隨南公老人東下曲塘，回到宏開寺，拜見玉公，祇見他不像有什麼不對，心裏暗暗在打問號？等到所有在外各省市縣的師長徒子孫都到齊了，玉公在有一天早餐後宣布說：「你們大家都到齊了！從明天起我要搬到竹林庵去住，你們在宏開寺打七七四十九天念佛七，幫我念佛！」

我們每天早、晚課共六支香，不算辛苦。這期間讓我拜見到了久已想見的北山寺曾師祖文公、焦山曾師祖智公、竹林寺師祖靄老人、光孝寺師祖南老人、南京毘盧寺回來的爽亭師叔公、閩南回來的望亭師叔公、宜徵寶光寺存遠師伯，從焦山、竹林、棲霞等山回來的善遠、恒遠、良遠、春遠、定遠、旨遠等師父，棲霞山自一師兄、焦山唯一師兄、有一師兄、天寧回來的守一師兄等上人。這些我仰慕已久卻未能見面的師長上人，團聚一堂，宏開寺顯得人才濟濟。念佛功課之餘，我總是找機會跟這些「高僧」請教，可謂獲益良多。每天規律的念佛生活，不覺時光荏苒，一轉眼間，7個七期快終了了。玉公太老人，本來精神很好，毫無異樣，但到進入第七七時，他的精神顯

得一天天的衰退，到第48天早上，他就沒有起床，但無痛苦。文、智、靄、南4位上人屬隨陪侍他，到49天上午10時起，太老人突然坐起，合十說偈云：「八三年來苦糾纏，生身只因業力牽，而今耑念彌陀佛，願生西方九品蓮！」說罷閉目，安詳捨報而逝！太老人的修持功夫，到此時可謂獲得明確的印證！如此的捨報，當今殊不多見也，卻是我親身參與之事。當天正是陽曆10月初9日，太老人他是巳時圓寂的！世壽83，僧臘66，戒臘63。喪葬開悼典禮，皆於太老人七期中完成。終七後，團聚兩個多月的五代同堂生活一霎間過去，各自返回求學、服務道場，我也回到光孝寺佛學院繼續修學。

由於玉成老和尚圓寂，那時我才念佛學院第二學期，一學期才只有幾個月，其中念了49天的佛，就去了將近一半的時間。經此耽誤，那學期我只拿了個第8名。第2年的上學期，我就拿到第一名。在光孝佛學院就讀，使我有機會專心研習華嚴、法華、唯識與起信等經要，初步奠下日後研究佛學的基礎。而且那時老師一直鼓勵我，不斷地寫文章，初步我由為佛經作註解開始，把唯識學的《八識規矩頌》作練習，登在

上海出刊的一本佛學雜誌《覺有情》上。那是我第一篇佛學解釋的文章，可惜我唸醫學院時，稿子留在光孝寺沒帶出來，現已無處可尋。

抗戰歲月

一、留守光孝寺

1937（民國26）年上半年，大家還能按時上課，上學期我拿到個第一名。下學期中日戰爭發展到長江兩岸，這時全國軍民在蔣委員長領導下，一齊動員，接受訓練，參加抗戰。我們全體師生也接受了一個月的救護訓練。下學期開始，日本空軍，常到泰城轟炸，佛學院被逼得於年底前，宣佈提前結業。

光孝寺佛學院於1937（民國26）年底結束。為什麼呢？因為我們同學中，有很多是「和尚公子」，家裡財產多，他們怕子弟因戰爭受到損傷而離開，因此寺方只好將佛學院提前結束。我們師兄弟幾人，因為是住持南亭法師的徒孫，我與果一、妙然等6、7人，也沒其他地方可以去，遂留下自修。抗戰爆發，日本人佔領了沿海各省，他們弄出一個汪精衛政權來。但是汪精衛在南京成立偽政府，對老百姓反倒是有好處，區隔了日軍，使他們不會到處去搜括、騷擾。剛開始時，日軍就是到處搜括、騷擾，我們都受到很大

的威脅。

　　我帶了一門課，講《華嚴原人論》，以及華嚴宗相關的學術，直到1942（民國31）年，我準備到上海去念醫學院，才離開。

　　1937（民國26）年8月13日，中日松滬戰役爆發，日軍進佔蘇北，泰州城常遭日機轟炸。因為當時泰州是軍事重地，隸屬國民政府的蘇魯皖邊區游擊總指揮部，由李明揚、李長江兩位將軍分任正、副司令。李明揚（1891-1978），安徽蕭縣人，同盟會會員，曾參加辛亥革命，1915（民國4）年任長江中游沿江要塞司令，北伐時，任東路先遣軍司令、副軍長，抗戰後，歷任五戰區游擊總指揮、十戰區副司令長官兼江蘇淮南行署主任、國民黨中央監委等職。這個游擊隊有幾個師的兵力，後來汪精衛在南京組政府，泰州不響應其和運號召，汪偽軍隊不敢去動它，日軍卻常去騷擾。此段期間彌勒佛為救度眾生，曾顯了三次聖蹟。

　　第一次南亭老和尚稱之為〈彌勒菩薩感應〉。日本飛機專炸大廟，因大廟內常駐有軍隊。泰州3座大廟－光孝寺、北山寺、永寧寺，都曾被炸，而西山寺

因
果
定
法
則

却沒有被炸，是彌勒菩薩的感應。西山寺佛事很多，有一天請不到法師坐上座，維那師父很急，一想，到客堂去看看，正好有一個胖胖的老和尚坐在那裡，遂請他幫忙，老和尚一口應允。佛事還沒做完，老和尚不見了，大家感到奇怪。第2天一早，起來做早課時，發現彌勒菩薩頭戴毘盧帽，原來昨天晚上就是祂幫忙坐臺的！第二個發生在北山開化禪寺。有個盧姓老居士在乩壇上稱彌勒菩薩應化的，說要「粉身碎骨救眾生」。後來日本飛機來炸，將向南的天王殿炸毀，天王殿上彌勒佛像被炸得粉碎，但是未傷一人。老居士於是聲稱他10天前就知道了，彌勒菩薩要粉身碎骨救眾生。第三個發生在光孝寺。光孝寺也被日軍炸，其天王殿向外供的是彌勒菩薩，向內供的是韋馱菩薩。炸彈在未落地時，即在空中爆炸，彌勒菩薩像絲毫無損，但是那一丈多高的韋馱神像被震倒仆地，院中樹木被彈片割斷，和刀切一樣，但沒死傷一個人。這三個故事是南亭老和尚講的，那時候他是泰州縣佛教會的會長，也是光孝寺的佛學院長、住持方丈。前述二位李將軍都是佛教徒，抗戰開始，南亭法師號召全城僧眾誦經護國，誦的是《仁王護國經》。

因果定法則

那時游擊隊的司令部就駐在西山寺。

前面說到在1937（民國26）年底爲免學生受到傷害，光孝佛學院提前結業。偌大的廟不能沒人作早、晚功課，我們幾個師兄弟，在寺中留守。太師公智光老和尚，是鎮江焦山定慧寺住持，定慧寺有國軍設防，日軍將其作爲攻擊目標，炸毀砲臺。定慧寺的大殿、藏經樓亦遭焚毀，太師公應付得宜，人員幸皆未受傷。後來寺中同人勸他暫避一下，所以老人家回到光孝寺，這是1938（民國27）年的事。

太師公到了光孝寺後，他老人家幫我及果一、宗一、松遠、傳濟、妙然、守成等7個留守的學生補習功課，不讓我們荒廢學業。上午上佛學，下午上國文，這2、3年中，我們的進境很紮實。在這中間，老人家還提倡「生產報國」，到附近信眾紡織廠，借了10臺紡織機器回來，領導我們織布。當初老人家問我要爲這個工作取個什麼名稱？我即興回答說：叫做「福田工讀社」好不好？老人家覺得很好，這是抗戰期間，我們一方面讀書，一方面做工來幫助生產，當時鄉下已經收不到租了。這樣的工讀生活，直到1940（民國29）年我到南京寶華山隆昌寺妙柔和尚處

受冬期戒，方告結束。這段期間我們7人並未受戰爭
影響而荒廢課業，反而有更實際的收穫，這都是拜智
光太師公之賜。

　　到了1940（民國29）年冬，汪精衛「響應和平」
運動。後來泰州也響應「和運」，因為南京汪政權派
人來泰州要求，請游擊隊給他們面子。後來兩位李將
軍經過商量，李明揚退到興化，李長江仍在泰州，響
應和運與南京妥協了。日軍不再來騷擾，泰州平靜了
一個時期。這幾年當中我就在寺中，由焦山回來，我
的太師公智太老人，以江南荒亂，也從焦山到江北
來，當時因焦山是長江軍事要塞，設有砲臺，所以也
被轟炸、燒毀。我的太師公智光老和尚精研華嚴經，
寫了一部著作，叫做《華嚴大綱》，這是一部精心傑
作，因戰亂全部被燒掉了，非常可惜！等時局勢稍
靖，約在1940（民國29）年佛學院恢復上課，1941
（民國30）年春天，南亭師公把光孝寺住持交給法弟葦
宗和尚，而自己致力佛學院的復課。南亭師公要我負
起監學責任，監學如同現在學校的訓導主任，並講授
一門課，我曾經講了華嚴五祖圭峰宗密寫的一部《華
嚴原人論》，這部論是密祖破儒、道元氣、虛無大道

因
果
定
法
則

的妄說，斥人天小乘乃至權教三乘的偏淺，依華嚴直顯一乘顯性教之旨。經那次教學機會，讓我對外道、人天、小乘、三乘、一佛乘等之界定有了認知。又早於1937（民國26）年爲便於佛學院上課使用，我寫過《八識規矩頌》的解釋文章。由於過去老師上課非常嚴格認眞，要求學僧寫報告、覆講，我雖然只有小學畢業的正式學歷，但學術書看得滿多，知識倒也不少，文史容易會通。其實佛學院我只念了兩年，當中並逢玉成老和尚之喪，但學業進步仍然很快。到了1938（民國27）年，太師公回到泰州，光孝寺方丈南亭老和尚是其徒弟，當然非常歡迎。智老教學熱誠非常可佩，他曾多次表示，寧可不作方丈住持，也要辦學。他除興辦焦山佛學院，另還辦了一份《中流》雜誌，算是當時佛教雜誌中最早開辦的期刊之一。

二、中共「拆廟分田」

另一件令我印象深刻的是戰時的收租工作：我們收租的時候，因爲田地離泰州有幾十里路，故要到莊

房去。我當書記執事以後，就帶人下鄉去收租；我帶了兩位，都是在家人，一起向佃戶收租。有的佃戶需要我們挨家挨戶去訪問，有的則否，自己會送到莊房來。田租送過來後，都堆放在莊房，莊房是很大的倉庫，收到的稻穀，堆久了不容易賣，要用好幾艘大船，送到泰州城裡去。我們那裡有條運稻河，從泰州一直到東海，泰州靠近海濱，古名就叫做海陵。地方人除了高一點的地方建住家外，其他的地方都是水田，在下河（運河對岸）過去都是水盪。

有一年，我下鄉收租，收了滿滿3船的稻子，準備運回泰州。到了一個小鎮，晚上預備在那裡過夜，我們本來不想在那裡過夜的，因為當時泰州游擊總指揮部，李明揚的部隊已經從泰州撤出，到了興化，我們住宿的地方，正好處在兩邊交界處。3船稻子，非常顯眼，李的部隊是游擊隊，不是正規軍，一見便把我們攔下，問說有沒有路條？當家答稱：「沒有！」於是就被留了一個晚上，等到第2天到興化去辦完手續才放行。

我們那時的處境很可憐，要向不同單位繳3份糧，就如同俗話說的一頭牛剝3次皮：李明揚（響應和

52

運後，代表國民政權收租）、李長江、共產黨各一份。這幾路人馬中，共產黨對我們出家人尤其不客氣。共產黨是1940（民國29）年過江的。本來共產黨的部隊在江南，不能過長江，江北是游擊隊的地盤。泰州「響應和平」以後，中共部隊就過了江。

共黨部隊到了我們家鄉，政工人員也跟著來，他們下鄉訪問，要求佃戶不要向地主繳租，並將田產劃歸耕農所有。他們把觀音寺3畝田分掉以後，索性連寺也一併拆了。我就是在這種情形下，決定去上海唸書的。太師公智光老人對我說：「成一！你們還年輕，去學一項技能，將來可以應變！」我想自己身體不好，就到上海去念中醫學院好了。

這支共黨部隊就是新四軍，在皖南被國軍顧祝同的部隊打得七零八落，無處可走，所以才竄到江北。那時候有這麼一個說法：李明揚吃裡扒外，私通中共，暗通消息，放共產黨渡江。中央的蔣中正先生，並未能真正達成統一，地方上軍隊還是保存實力為多，到了以後戡亂，徐蚌會戰時候，南京竟派不出一個司令官！

1940（民國29）年新四軍渡江後，吃下游擊隊一

個軍的人馬。游擊隊生活苦，也不想打仗，所以共黨的勢力就膨脹起來了。不過反倒有個好處，本來日本飛機會來轟炸，現在就都不來了，況且共黨不守城，游擊隊都在鄉下，日本人失去攻擊的目標。

照片九　受戒證明護戒牒（侯坤宏攝）

這段期間，我在1940（民國29）年冬月，時年27歲，徵得師祖南公老人同意，拜別智太老人及南公，帶領師弟果一、宗一、圓一、妙然、守成等7、8人，一起到南京寶華山隆昌寺受具足戒。得戒和尚為寺主妙柔律師，道場莊嚴，規制嚴謹，一個

半月的戒期生活，一共衹吃了3頓大米飯，其餘一日三餐，都喝稀飯，連鹹菜也需自備。我原先本想住山研修律學，嗣以山中生活太苦，仍返回光孝寺自修。

三 、 學 醫

　　當時上海有3家中醫學院，我先後就讀過「新中國醫學院」和「上海中醫學院」。由於當時規定，不讓和尚念書，我遂改裝就讀。我先念新中國醫學院，本要念6年，我讀了一半，念過了生理解剖、病理學、藥理等學分，都是現代醫學知識，也學過開刀、打針。念了3年以後，我想我既是想學中醫，還是到老式的中醫學院去念，將基本中醫常識學好，所以我就轉到上海中醫學院就讀。從1942（民國31）年開始念，直到1947（民國36）年畢業。

　　我到上海讀書的第2年寒假，返鄉省親祭祖。先到鎮江焦山定慧寺，向智光太老人禮座。承太老人關懷，他忽然勸我不要念醫學院了。他說：「不要念醫學院了！太苦了！我介紹你到徐州一間大寺去當住持

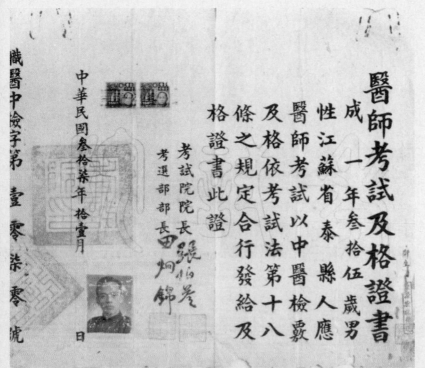

照片一〇　中醫考試及格證書

好了！」我考慮了一下，回答太老人家說：「謝謝您老人家的慈悲關懷，但是我想還是把書念好了再說吧！」太老人見我這麼回話，認為有理，也就算了。幸好沒去！因為不到一年，中日大戰於徐州，李宗仁部隊潰敗，地方政局就大變了。

因果定法則

56

　　在攻讀醫學這一段過程中，一共讀了6年，起初是師公南老人介紹我住上海南市九畝地青蓮庵，依止止方和尚。1945（民國34）年抗戰勝利後，止方和尚接住玉佛寺方丈，恢復上海佛學院，要我去佛學院教書，於是我就搬去玉佛寺住。此時我已轉讀南市上海中醫學院，南市至玉佛寺約6華里多的路程，早出晚歸，又兼佛學院教課，生活比較忙碌。止方和尚住持玉佛寺，不到2年，就辭退了。繼任住持是南通狼山的葦一和尚，其爲人比較深沉，對我還算客氣。因爲我除在佛學院教書外，很少管寺裏閒事，所以相處得還算好。

　　1944（民國33）年春間，我聽說師公南老人病了，而且病得很重。於是我請假回蘇北一趟，到光孝寺拜見師祖南老人。了解了他老人家的病情之後，偷偷地向他老人家建議說：「師公！您老人家生的是胃病，以我念了兩年多醫書所得知識來說，胃病是不會那麼快就死人的。但您老人家在如此環境下，醫治難有成效，最好到江南大醫院求治，會很快痊癒的。但是，這話要您老人家自己說，我負不起這種大責任的。」老人家聽我說後，他明白了。第2天他向寺裏

負責人說;「我要去江南大醫院看病,你們替我準備一輛汽車,我想明天就動身。」師公到鎮江醫院就醫,經一位德國大夫醫治,不到2個月就痊癒了。

1945(民國34)年春天,學院開學未久,同學間傳來一則令人興奮的消息,說重慶國民政府派三民主義青年團幹部來上海吸收團員,以為國家培養建國幹部,大學生是主要吸收對象。當時國民政府派來的是吳紹恕先生。這時熱愛國家的知識青年們,所亟盼能有機會參與的時代工作,所以當一位冒著敵偽重重監視的危險,要完成任務的鄭先生出現在校園,散發志願參與申請書時,全院男女同學,大概全都填表申請加入了。

因躲避敵偽的監視,我們是暗地工作,不敢公開,而是以「南興詩社」名義集合的。預定每星期集會一次,鄭先生每次都以抗日戰爭勝利在望的好消息,向同志們傳播,並指示加強吸收團員的技巧,跟同志間加強聯繫的方法等要點。當然還分發一些團員學習課程資料等。並且協助政府宣傳抗日,因為當時也有些人誤認日本人不錯。由於同學們都很謹慎,所以自加入後,一直都能順利地推行工作。

　　暑期屆臨了，我一位光孝佛學院同學悟來法師，在滬郊南翔，主持由靜安寺興辦的佛教私立南翔小學。他在前1個月就寫信給我，約我放暑假後，到南翔避暑度假，他說鄉間比較涼快。我得信後，立即復函同意。所以學院期末考一結束，立即依約下鄉。誰知就在我下鄉的那天晚上，日本憲兵3大卡車，荷槍實彈，到青蓮庵包圍抓人。結果，止方和尚聞風走避隔壁信徒家，我早已下鄉，守庵的只有靈源和尚，及老少兩位工友，憲兵祇有將那位年輕的青年工友帶去交差。待我暑假結束，從南翔回來時，靈源法師告訴我此事，並祝福我幸運地避開一次有生命危險的災難。止方和尚經那次事端後，一直隱居信徒家，直到當年9月，日本投降，政府宣布對日抗戰全面勝利，上海市政府、佛教會等黨政社團代表，以300多輛轎車，把他從信徒家接出，經南京路等大馬路繞市中心鬧區遊行後，被迎回青蓮庵。當時佛教及社會各界，咸呼之為「愛國高僧」。

　　我在醫學院畢業那年，剛好先父在家鄉往生，家兄寫信給我，要我回去。那時京滬鐵路沿線已相當緊張，中共大軍即將渡江，本來我想回去，給老人家念

經。後來因為我在上海學醫的消息，為共產黨所悉知，共黨幹部向家兄表示：「你還有個兄弟，在上海念中醫學院，趕快叫他回來！我們現在正需要新的醫療人員來為人民服務！」這下我便不敢回去了，回去就再出不來了。我不能返鄉為先父念經，就在玉佛寺為先父安設靈位，每天為他念經超度。

　　當時我住在上海玉佛寺，上海還在國民政府掌握中，但是鄉下地區大部分已被中共占去。玉佛寺在戰後，上海漸平靜時，請了新住持，也是我師公南亭老人家的同學葦乘大和尚，我去上海念書也是得到他的照顧，他被請到玉佛寺當住持的時候，要我去幫忙。我還有個師公的法弟，惟宗和尚的徒弟大雲法師（孫大雲），當時也在那裡，他念同濟大學。他到臺灣來過，還教了兩年書，後來還俗，返回大陸去了。

在玉佛寺的經歷

一 、 設 診 所 義 診

1947（民國36）年暑假，我醫學院畢業了。隨邀約何星平（宗如法師，念小兒科）、孫愛華（念外科）兩位同學，預定在玉佛寺天王殿，創立上海佛教利生義診所，以報答滬上佛教諸山師友，對我學醫期間的照顧之德，同時也利用此一機會，多增加一點臨床經驗，而與貧病同胞結緣。

住持葦一和尚，是南通人。我向他表示，念書期間承蒙老和尚和佛教會的幫忙，現在我想為佛教會做些工作。我們以佛教會名義辦義診，葦一和尚聽了很高興，非常支持我，乃順利的將義診所辦起來。

診所設內、婦科、小兒科、外科，我擔任內科、婦科，小兒科由何星平學長擔任，外科由孫愛華學長擔任，除受收1元法幣掛號費外，醫藥、手術、診斷各費全免。消息傳出，求診者日漸增多，有時1天可診80餘號，當時人家多知道上海市佛教會在做好事，利濟貧窮。

次（1948）年11月，中國大陸由於國共戰爭擴大，局勢危急，乃與業師張少齊老居士東渡來臺灣，而結束了在上海玉佛寺的義診服務。

二 、 向 葦 舫 法 師 獻 計

抗戰勝利以後，太虛大師上首弟子葦舫法師，應聘出任上海玉佛寺當家時，我還幫他解決了一件麻煩事。葦舫法師東臺人，是太虛大師的大弟子之一，抗戰勝利後，不知什麼人介紹他到玉佛寺當家，沒到兩個月，禪堂裏那些經懺師嫌他小氣，醞釀要遣葦當家的單，並決定於某一天夜晚進行。消息被佛學院的監學寂明師知道了，寂師立即告知葦當家，他們並把我從剛沈睡中叫醒，共商應變之道。我一聽此事，立即拉他們兩人，一同到方丈室，告訴他說明這種事要葦大和尚出面處理，不能讓禪堂裏人胡鬧，損了玉佛寺名譽，失去一位有道有學的好當家。

葦大和尚知道事態嚴重，進而問我解決之道，我告以明天下午，召集寺眾開會，說明當家師撙節開

支，全爲常住欠債著想，非個人貪污，希望大家不要
誤會，並希望大家擁護當家維持常住度過難關。結
果，葦大和尙照我的獻議做了，一場暴亂消弭於無
形。事後，我跟葦當家說，玉佛寺欠幾10萬元債不要
緊的，祇要常住無事，水陸佛事就會源源而來，不需
幾個月，債就還淸了。他聽了認爲有理，並對我們協
助他平息一場風波，表示由衷的感謝！

三 、 太 虛 大 師 與 李 子 寬

　　李子寬居士（1882-1973）是湖北省應城縣人，早
年到日本法政大學留學，並參加同盟會，武昌起義後
任鄂軍都督府參議。國民政府成立，曾任廣東省財政
廳長。1929（民國18）年回湖北任省財政廳長。時太
虛大師遊歐美歸來，在漢口佛教會講經，李居士前往
聽經並皈依，隨後並協助太虛大師完成好多工作。我
們是在上海認識的。

　　其時我住玉佛寺，李居士和太虛大師也住玉佛
寺，同住一個時期。太虛大師後來是1947（民國36）

64

年3月圓寂於玉佛寺。他在玉佛寺爲退居的震華法師行封龕禮，說法將畢，忽中風舊疾復發而往生，住世計59歲，僧臘44，那時我是33歲。

太虛大師在玉佛寺成立一個佛學會，在那裡發行《海潮音》雜誌。我在上海讀醫學院，也在玉佛寺的佛學院代課，抗戰勝利後恢復佛學院，我曾盡過一份心力。我與太虛大師同住在玉佛寺一段時間，之前我老早就接受他的思想，他的書我也看了很多，但是我很少有機會可以親近他。他講話的腔調不大好懂，他是浙東石門縣人，在寧波一帶。我在上海，第一個學期老師講上海話，比較難一點，聽久就懂了。因爲我自醫學院畢業後，隨即開始籌備義診，無暇與太虛大師多接觸。太虛大師個頭矮矮胖胖，很和藹，加上他的訪客、信徒多，也沒時間聊天。那時他在玉佛寺也發行《覺群》雜誌。

太虛大師平常身體不錯，只是血壓過高，因而導至中風。在他圓寂之前，上海玉佛寺死了兩位大和尚，一位是震華和尚，甫受鎮江竹林寺推舉爲住持和尚；一位是福善和尚。他們都是他的門生，還很年輕，先他而去。他受刺激，中風後倒下，5天4夜，來

了很多醫生，也沒辦法救起。太虛大師圓寂後的喪葬事宜，是在玉佛寺辦理，辦得很盛大，當時雖然在戰後國共戰爭期間，但戰火還沒波及江南。他與蔣中正先生關係不錯，蔣公還送寄輓幛來，對他很尊敬。

太虛大師的治喪是佛教會同玉佛寺辦的。那時的中央大員中，信佛的有好幾個，如考試院長戴傳賢（字季陶），司法院長居正（字覺生）、朱培德、陳大齊等。在中央官員中，戴季陶是最擁護佛教，亦最著名者，他常住到我受戒的寶華山去。他很有眼光，看出佛教是結合內地與西藏的要素，他信教有宗教上的理由，也有政治上的考量。那個時期我還在三民主義青年團擔任新聞傳播工作，太虛大師的治喪新聞是我發的，標題是：「太虛自有道理，燒出舍利3百多顆」，上海《申報》也照原稿登出。

由於我與太虛大師在玉佛寺有過同住一段時間的因緣，很欽佩他，並看了他的許多著作，也多少體會到他的思想。太虛大師對佛教影響最大的，是種族的融合第一，他主張與基督教合作，叫國人不要排斥基督教。第二，他主張佛教八宗並弘，不分宗派。一般人對於密宗多不了解，淨土宗比較興盛。為了種族融

合的關係，太虛大師不排斥密宗，反而給予重視，並派遣學生到西藏留學，也鼓勵達賴的弟弟去就讀中央政治學校。不論顯密，佛教是一個理性、科學的宗教。佛不說萬物都是他造的，佛說萬法因緣生，這是屬於理性的宗教。

太虛大師在上海，本想競選國大代表，不過蔣公認為出家人不應涉及政治，做弘法工作即可。是以太虛大師頗有點鬱鬱不得志之感，他本想「議政而不干治」。當時政府在大陸上，思想還是很守舊。我在上海念的中醫學院，經營得很好，但南京政府始終沒有讓它備案。那間中醫學院是名中醫丁濟萬辦的，是祖傳中醫，世居上海，是當地中醫第一把交椅。他是中醫界選出的國大代表，大陸變色後曾來臺，本來不涉入政治，但是那時中醫界很希望有人能在政壇幫他們代言，後來選了他當國大代表。太虛大師一生沒有達到這個目的。

蔣公母親王太夫人禮佛甚為虔誠，這也種下蔣公在1927（民國16）年下野後召見太虛大師的因緣。蔣公對於佛教的活動是參與的，但是不大公開，尤其蔣夫人宋美齡女士是虔誠的基督教徒，需顧到夫人的感

受。蔣公在臺灣對佛教最顯著的一段歷史，是在澄清湖。澄清湖以前叫做大悲湖，蓋一座寶塔，落成後想在塔上掛一口鐘，為了掛此鐘他找一信佛居士周邦道（1898-1991）居士，周居士為虛雲老和尚的皈依弟子，來臺後曾任考選部政務次長。周居士來找我，這個鐘是我幫他買的。在臺北縣新莊那裡有個鑄鐘的公司，在那裡做的。蔣先生喜歡聽鐘聲，不知是誰向他建議，名勝也需有寶塔增輝，寶塔是佛教的象徵。

日月潭的塔則是供著蔣先生祖先的牌位。至於臺北市新生南路一帶有教堂、有清真寺，而沒有佛教的寺院，應不是蔣先生或夫人的授意，可能是地方政府為了討好而做的決定，有這樣一個說法，實則這是幼稚的思想，民主時代宗教是沒有分別的，隨人選擇信仰，不應加以限制。

四 、 廢 除 中 醫 案

1929（民國18）年在國共合作的時候，共黨提出要廢中醫跟宗教，蔣先生反對，表示這兩件事情非同

因果定法則

小可，要好好地考慮，不可貿然從事。蔣先生下野後，他找太虛大師到浙江雪竇寺，就宗教的價值、意義，做了一星期徹底深入的討論。這是很重要的，當時全國大寺廟有50萬餘，僧侶有300多萬，一旦廢除，必成問題。佛教是理性的，不是迷信，講萬事萬物的成壞，時間上是因果關係，空間上是因緣條件的關係，而非主張萬物皆是造物主創造的，所以是科學的宗教。太虛大師在那時就講佛法給蔣公聽。

蔣公同太虛談過後，又去找一位名中醫來談。老中醫向蔣先生力陳中醫不能廢除。在當年，真正能看病治本的只有中醫；西醫只治標，還不能治本。其次在藥材上，中醫用的是草藥，遍地都是藥材，也是國家財源之一。中醫既能治病，又可減少國家財源的虛耗，故不能廢除。當蔣公找佛教大師、中醫學者探詢之後不久，國民政府的代表來了，請蔣公回南京合作，中醫與宗教問題暫時不討論。

記得我在1936（民國25）年到光孝寺讀書時，有一年夏天某日下午，我的指甲嘴唇都發青，也沒什麼痛苦，就是發青。那時我們泰州有家西醫院，他們就把我送到醫院去醫治，醫院也看不出什麼病來，只說

了一句另人啼笑皆非的話，說：「恐怕是青菜吃多了！」這真是不折不扣的外行話！

五、金圓券與逃出上海

　　戰後國共鬥爭，物價波動，國民政府在上海發行金圓券。這當中有個笑話趣聞：一天晚上，有位市民，是我們同鄉，家中有人得了急病，打電話來請我出診，當時我們已做完晚課，準備睡覺了。那天剛好是黃金兌換金圓券的晚上。我晚上去出診，病家包診金給我，我說是義診，不要錢，但他仍給我一個紅包。多少錢呢？我拿回一看，兩塊金圓券，一元可抵舊法幣600萬！我就開玩笑炫耀說：「你們哪個人賺錢有我多？我一次出診便賺到1千2百萬！」這是難忘的經驗。以後戰事逆轉，金圓券1日數貶，在上海，太太上街買菜，就要用小車子推著鈔票去買。物價都是以百萬計，我就用這1千2百萬，去買了一只小旅行箱，當時我已準備來臺灣。通貨膨脹不可收拾，金融呈崩潰狀況。

70

　　但是金圓券對臺灣有利，金圓券發行，兌換了36噸黃金，中共南下，政府撤來臺灣，把那些黃金帶來了。後來當做臺灣建設經費，60年代蔣經國先生將十大建設一起進行，美國人覺得奇怪，臺灣是流亡政府，哪裡來的錢可以同時進行這麼多項經濟建設？一般人不曉得這當中有這個內幕——黃金穩定臺灣的金融情勢，奠定日後經濟發展的基礎。我們幸好有這資源，否則像南越人民逃難時就慘了，沒有現金是不能出來，會被推下船淹死。

　　徐蚌戰役（中共稱為「淮海戰役」）失利，京滬線上，現出一片不安現象，眼看時局艱危，民眾紛紛準備逃難。我本一介貧僧，可以不作此一打算，但想到如果中共得勢，我的出家生活恐難保持。有一位醫學院同學宗如法師對我說，他有一位堂兄在軍艦上服務，可以乘他的船到臺灣，要我跟他同行，我欣然答應，不料他回家鄉探母，隔了許久竟無消息。

　　幸好有一天晚上，光孝佛學院老師張少齊居士（原為出家人，爽亭法師，他是南京毘盧寺的當家，有些積蓄，亦要到臺灣）從南京來滬，到玉佛寺找我，並要我跟他同行赴臺。張老師的垂愛，我祇有順從，乃託一熟人

代購船票，我給他兩張頭等票錢，他卻拿來兩張三等船票。張老師以為三等艙不好，提議等下一班船，我乃順口說道：「老師！逃難的事，說走就走，萬一時局變化，恐難就道！」其實上海局勢並未有緊張到那個程度，但我不知道為什麼會脫口說出那樣的話，還好張老師未再堅持，我們乃得以搭上輪船，在1948（民國37）年11月27日順利抵達臺北。

　　一星期後，新聞報導，太平輪於12月初在福建外海失事，1千多名乘客無一生還，算算日期，那班船就是我們乘的下一班輪，幸運逃過一劫，我與張老師乃於佛前上香，感謝佛菩薩護佑之恩！

初期弘法工作

一、來臺經過

我來臺灣有一段因緣。1948（民國37）年秋天，局勢緊張，有些人幫我安排，要帶我去美國，也有人要帶我去香港。但是我想：還是去臺灣好，畢竟是自己的國家，何況我又沒有讀過英文，到美國或到香港，語言不方便，因此不做前往美國或香港的打算。

有一天晚上，我已就寢，門房進來說：「南京有位法師來訪。」這位法師是我的叔公，他可幫了我的大忙！原來我那位醫學院同學回鄉看母親後，不到一星期就被共產黨留下。我的老師就是前述的張少齊居士，來訪那天晚上，跟我聊天時他問我：「成一！你要不要去臺灣？」我回答他說：「我正在等一位同學一道去！」他說：「不要跟他去！跟我去好了！」我聽了老師的話，遂得順利抵臺。

那時臺灣入境還未設限，尚可自由出入。到1949（民國38）年，謠言四起，說有中共地下工作人員扮作地理師、道士、和尚來臺，當局於是開始設

限，來臺要先登記，登岸得管制。當年有很多和尚被捉，我在臺北並沒有被牽連，主要因爲我自醫學院畢業後行醫，尚未換裝的緣故。

二 、 當 時 臺 灣 的 佛 教

日本戰敗前，臺灣佛教的情形可以說是沒有眞正的出家人，日本人也不管（因明治維新後日本向外擴充需要人口，便鼓勵和尚結婚）。日據期間，足足有50年沒有傳戒。廟中雖有和尚，也剃了頭，也會念經，但是不能稱爲正式的出家人。

剛到臺灣時，我曾到臺北幾間比較有名的寺廟去禮佛，如善導寺、東和寺。當時本省同胞，因爲沿習日本習慣，也不願意出家受戒，過清苦的生活。東和寺是日式曹洞宗的建築，善導寺則是淨土宗的道場。

政府接管臺灣以後，中國佛教界第一個買下的寺廟，是善導寺，由孫立人將軍夫人張清揚女士與國大代表李子寬居士合資，用了1,500萬元老臺幣買下來的。但是仍沒有完全的使用權，市政府還有兩個單位

在裡面辦公。記得1950（民國39）年4月李子寬發起仁
王護國消災薦亡法會，需要用大殿做經壇，但當時仍
由臺北市政府兵役科佔用，李子寬動用許多黨國大老
幫忙，才臨時得許可讓出暫供法會使用。李子寬居士
畢竟是國大代表，後來他繼續向政府多方奔走，經過
多年努力，才使得佔用善導寺辦公的機關遷出。孫夫
人張清揚女士在這過程中幫助不少，她是我曾師祖智
光老和尚的在家弟子。

三 、 流 通 法 寶

　　我到臺灣後，發現那時臺灣和尚都住在家裡，廟
裡不住人！日本和尚都是有家眷的，臺灣和尚也跟他
們學。他們都是早上披件袈裟，到廟裡上班，下午就
回家，因廟裡不住人，我們沒有地方可以掛單。

　　我剛到臺灣時，因沒地方住，所以先住在旅館，
沒事就到附近幾間寺院去拜佛、參觀。結果幾間廟宇
看下來，發現都沒有經書！只有一本課誦本，其他真
的什麼都沒有。回到下榻處後，我就跟張少齊老師報

告說：「距離回去（大陸）的時機恐怕還遠，總得找點事情來做。我看廟中沒有經書，可以考慮成立佛經流通處，一方面添增這裡的法寶，另方面也可以搶救大陸的法寶，因爲共產黨一到，佛教經書都會被燒光。」聽我這麼一說，張老師回我說：「不行啊！臺灣民眾習慣看日文書，他們看不懂中文哦！」我說：「此一顧慮，確屬有理，但可設法補救，假如能兼賣一些文具及文史哲學類書籍，籌設一家圖書文具公司，不失爲高尚事業！」張老師聞得此說，未再反對，對我說：「那你就去籌劃吧！」

既然得到張老師的同意，我首先想好一個店名叫做「覺世圖書文具社」（當時臺北商號多以社名），並請張老師寫好大字送招牌店製作，同時找店面。很快的就在中華路124號，找到一間張貼著紅紙條求售之店屋，屋主張氏，他要遷居太平町（延平北路），故急於讓售，索價14萬元舊臺幣，全部文具店生材奉送。張老師認爲可以，遂即付訂金，書契成交。跟我們洽租店面的老闆是本省人，人很客氣，儘管當時「二二八」事件才發生不久，但我們與本省籍的老百姓相處並無芥蒂。

接著我就寫了3封快信，到上海的3家佛學書局，請他們提供圖書目錄。目錄來後，隨手在上面圈上需要購置的書籍，即刻去信。那時每兩天有一班船往來臺灣與上海，很方便，因此第3星期就運來了很多書。在回寄訂購目錄時，我隨函給上海書局，請他們把定價寫清楚，根據定價，來臺灣再標價。按定價賺2成利，成本若是2塊，我就賣2塊4。圖書生意就這樣的開始了。而我自己也乘此機會請了一些有關華嚴的參考書籍，如《華嚴經普賢行願品講記》、《五教儀開蒙增註》、《華嚴經疏鈔》、《搜玄記》、《探玄記》等，這些書籍對我嗣後研究華嚴有相當的參考價值。

　　文具的價格，我因沒有做過這項生意，就不知怎樣定價。這真是一個大難題，我從沒做過生意，上百種文具的貨名、定價、標法、行話等一概不知，怎麼辦呢？正為難間，張老師的一位弟子若虛兄，忽然來告訴我，他在清掃房子時，看到一束收據存根，或許可以參考。我得到那些存根，如獲至寶。立即照之騰抄在十行紙上，百餘品貨名排列紙上，並拿到延平北路批發商行批定。次日上午，貨品送到，乃排列地

因緣成萬事

上，逐一登名、標價，陳列在櫥窗。店房左側文具，右側佛書，排列有序，標立品名售價，大致看來不似剛學做生意的生手所為。

　　兩個月後，我們就用新臺幣4萬元買了一棟3層樓房，這個樓房就在西門町成都路圓環旁邊，後面是苿市場。文具店開起來有個樣子，招牌從3樓掛下來，晚上也有電燈，很亮，還滿能吸引路人的。我把圖書文具店遷至成都路16號。那是一棟3層樓的洋房，店的排場更大，生意因而好了起來。1949（民國38）年5月間，上海、南京一帶的公司行號、機關部隊，紛紛湧到臺北。由於剛來，這些公司、機關的員工，沒什麼公好辦，常以西門町為消閒處，看電影、吃館子、逛街，看到我們的佛學書局兼文具店，常順便買本佛書回去消遣，文具也是必購的用品。所以一時生意忙起來了，幾乎有應接不暇之勢。很快地，在兩年3個月的時間中，50多萬元的佛書就賣光了。同時我也感到很累，所以經與張老師商議之後，決定歇業。張老師算算兩年多的生意上，也賺了不少錢。他就對我說：「我給你16兩金子，去買幢房子開診所（在此之前一年，我已取得中醫師開業執照）。」我沒有要他的錢。

我說：「謝謝您！錢我不需要，因為我還準備恢復僧裝，從事弘法工作！」

　　在1949（民國38）年下半季，覺世圖書文具社非常忙碌，但都是一些枝枝節節的俗事，除了圖書外，還有印刷業務。最初有人問我：「你們這裡有沒有做印刷業務？」那時我們圖書文具社在成都路16號，正好成都路底有一位上海人開設的印刷廠，我們有印刷方面的生意就轉介紹給他，他問要多少佣金？我表示，隨他的意，我們也不是要賺這個錢的人。

　　過去基督教也很重視文教事業，他們曾辦過《益世報》，我們就叫「覺世」。當時為了宣揚佛法，我們特別創立了《覺世旬刊》。剛開始是由我和張老師創辦的，後來就由我和星雲法師負責編輯。這份報紙型的雜誌主要著重在國內外佛教活動訊息的報導，發行的區域很廣，頗能得海內、外佛教徒的愛護與推崇。這份刊物在辦了5年之後，由佛光山接去辦了。

　　記得覺世書局成立後，我是由住家騎自行車到店，再由店騎到延平北路批貨。我的自行車是在佛學院求學初期學會的，那時剛好泰州中學有一個大操場，我就利用暑假期間練習，那時腳踏車仍屬時髦之

因果定法則

物。我一生中除學自行車外，也曾學過開汽車，那是在1961（民國50）年左右的事。

記得有一回，我騎腳踏車批貨回程，在中華路鐵路西邊，經過北門時，有幾個老太太在前面聊天，擋到我的路，我便慌了，把車子偏到路邊，差點撞到她們。她們回過頭來看我，我說：「你們不能走在路中間，中間是騎車的人走的！」我訓了她們一下，這是我騎車子的一個插曲，老太太也聽不懂我的外省話，也沒有反應，其時外省人與臺灣人並沒有現在大家所說的對立，或族群分裂的問題。

腳踏車是張少齊老師一位學生（若虛兄）的，我們共用，我有時出去騎騎。剛來的時候，房子是一間平房，上面加了個閣樓，可睡兩人。我也曾到南昌街十普寺去借宿過，十普寺前設有一供信徒牌位的功德堂，內有香桌，晚上無人上香，就將香桌挪開，在供桌上睡過一陣。自從搬到成都路後，就很少再騎車了。我剛來到臺北的時候，路上的主要交通工具是黃包車。其後不久，大概不出1、2年，街上就可以看到來來往往的三輪車。

四、激發東初法師創辦
《人生》雜誌

覺世圖書文具社辦起來後，我一方面照顧生意，一方面鼓勵東初法師（就是聖嚴法師的師父）辦雜誌。當時他住在北投法藏寺，那裡的出家人對外省法師也很恭敬，但東初法師一句臺灣話也聽不懂，所以常常到覺世圖書文具社來聊天。有一天我向他說：「東老啊！您要不要找點事做做？這樣浪費光陰，豈不可惜？」東初法師在焦山辦過《中流》雜誌，我建議他也辦份雜誌，取名「人生」，用以發揚太虛大師提倡人生佛教的理念。他同意，並要我幫忙，我當然是義不容辭。這份雜誌在1949（民國38）年夏天就創刊了，《人生》雜誌於是就這樣辦起來的，成為外省法師在臺灣創辦的第一份佛教刊物。

剛辦的時候，我常幫東初法師收稿子，有時自己也寫一點，寫寫有關佛教界的新聞，常常在下班後，晚上再搭乘交通車趕過去，到北投山腳下車後，再爬山上去幫忙。除了東初法師外，負責雜誌編務的，另

外還有一位常州天寧寺的當家佛聲法師（常惺老和尚的徒弟）。他當時住在新店。那時候從大陸來了幾位老和尚，如金山太滄老和尚，常州天寧寺的證蓮老和尚，太師公智光老和尚等人，都是該刊主要的撰稿人。

當時還有個很好的助緣，智光老和尚收了陸軍訓練司令孫立人將軍夫人張清揚女士為徒。孫夫人本來是基督教學校的學生，後來她的母親身體有恙，被張老師看好了，從此就皈依佛教。張清揚居士對我們幫忙實在很大。當時政府撤退來臺，人心惶惶，大家都覺得前途茫茫，及至韓戰爆發後，美軍宣布協防臺灣，民心才漸漸安定。這段期間，孫夫人很幫忙，她將軍政首長夫人都接引來信佛，對於社會人心安定，頗有幫助。

我到臺灣以後，第一件事是流通佛經，其次是辦雜誌，再來是電臺講經、辦定期共修法會，做的都是弘法工作。從前做法會，無非讓人拜佛、念經而已，現在做法會，譬如誦經，不管誦什麼經都要把經義提要講出來。打佛七，也要講解相關的經典。以前很少有人講經，智光太師公、南亭老和尚都是講經老法師。我接蓮社住持以後，也照樣說法，要讓信徒知道

做這堂法會的意義，以達到依法修行的目的。

五、環島宣傳印藏經

　　戰後初期臺灣佛教經書極為缺乏，中國佛教會常務理事之一的東初法師，為推展佛教文化，又找不到一部完整的大藏經，乃託孫張清揚居士自日本購得《大正藏》一部，用軍機專運到臺灣，作為影印藍本。東初法師乃組織「印藏委員會」，敦聘社會緇素名流為委員，前3年印得100巨冊的《大正藏》800部，發行後兩年又印了700部，合計歷時5年發行了1,300部。為了廣為宣傳，而有兩次環島宣傳影印藏經的活動。南亭師公是第一次影印大藏經環島宣傳團的團長，我是第二次環島宣傳影印藏經的領隊。

　　我在推廣之初，就和蓮航法師聯袂去中壢圓光寺徵求住持妙果和尚的支持，參加助印。當時臺籍有3位長老級法師，一位是臺北觀音山凌雲寺住持覺淨和尚，一位是臺中寶覺寺住持智性和尚，另一位即是妙果和尚。這三位長老道高德重，受人景仰，分別主導

因
果
定
法
則

臺北、臺中及桃竹苗三地的臺灣佛教界。三位長老在主持及弘法方面各有所長，或崇重修持，或專精戒律，或熱心教育，各具貢獻。妙果和尚爲中壢人，早年得法於福建鼓山湧泉寺覺力和尚。這位重望一方的長老和尚，對我們的冒昧造訪，熱情招待茶點，並立即允諾助印兩套《大正藏》，臨行還致贈兩個大紅包。在那貧窮的時代裡，他的豪爽慷慨，著實鼓舞我繼續積極推展印經工作。

由於當時法寶稀少，爲便於廣爲宣導弘法，佛教界特在1955（民國44）年9月，組織了一個印行《大藏經》全島宣導團。第1次是師公南老人帶團出去宣傳、弘法講經。每到一處，當然都安排講經，宣傳印藏經的需要及功德。環島旅行一個多月下來，資金湊集差不多可以印經了，那次共印了500部。

1956（民國45）年，師公南亭老和尚到泰國去請回華僑所印的150部《華嚴經》。從那時候起，蓮社就定期每月初2、16兩日，集眾誦念《華嚴經》。同時由曾師祖智光太老人、師祖南亭老和尚講《華嚴經》開示。連續地講經在當時條件還不夠，只能在誦經的時候略爲開示。

　　1958（民國47）年6月，我又應中華佛教文化館之聘，出任該館印藏委員會委員，組團環島宣傳，徵求助印《大正藏續編》，流通法寶，並著有《環島弘法日記》一書。

　　印《大藏經》的費用主要是孫立人將軍夫人張清揚女士首先捐出的錢。但也非全部，例如一位印度華僑來訪，得知此事，捐了20萬元給孫夫人做功德，孫夫人也一併捐出當作印經基金。後來要印藏經、印經書，已顯不足。那時經書銷路很不錯，有很多鄉下寺廟都來參加印經，這很不容易。以前印《大藏經》，中國大陸也不是很普遍，不是每間寺廟都有。泰州光孝寺的那部《龍藏》，是道光年間皇帝欽賜的，那時藏經還不普遍，有藏經的寺院就被認為很了不起。

　　中華佛教文化館印藏委員會，為了接受各方的敦促以及圓滿印藏功德，在印完正藏以後的第2個月，經印藏會常會決定，繼續影印續藏。為了加強實力及宣傳工作，特增聘煮雲、星雲、廣慈等法師以及我為委員，並請煮雲法師等組織環島訪問團，訪問正藏各助印戶，附帶宣傳繼印續藏之意義，徵求助印。

　　訪問團是1958（民國47）年6月8日正式成立的，

因果定法則

原先我推舉星雲法師任團長，後因星師的《今日佛教》無人接編，同時他還準備在宜蘭繼續講《維摩經》，因此他堅決辭退團長任務，乃改推煮雲法師爲團長，並由我爲領隊兼發言人，廣慈法師爲總幹事，星雲法師改爲顧問，請楊秀鶴居士爲通譯，楊慈生、歐美玉、楊巧雲、謝慈音、潘妙玄、石明璧等居士爲團員，分任文書、宣傳、採辦、聯絡等工作。人事決定後，即著手擬訂日程表、人事表、撰寫告教友書、標語、印製團旗、發通知函等工作，並決定從6月16日由臺北出發，經臺灣縱貫線向南轉東繞行一周。

訪問團本來要環島一周，從南部經屏東、臺東一直到花蓮鳳林。南公他們也沒有在鳳林落過腳，因爲鳳林沒有訂戶，本來不預備去那裡宣傳。可是鳳林有一軍醫院，院長爲佛教徒，鎮長也是佛教徒，聽說這次有3位大法師帶團弘法，堅持請我們去。我們到臺東，他們再三邀請，我們難以拒絕，決定過去。那天氣象報告，有颱風在南部登陸。我們抵達臺東，受到臺東佛教會的熱烈歡迎，隨後便講經開示，宣揚佛法，聽者踴躍，達數百人。後來經過幾個大鎮，被引到鳳林去。當日吃過中飯，住在鳳林僅有的一家旅

館。不久一陣雷響，開始下雨，到了下午5點鐘，正準備晚上出去佈教，誰想狂風暴雨一下2個多小時，把整個鳳林鎮，吹得一塌糊塗。我們住的那家3層樓旅館，窗子都破了，後面有一新建的小房子，於是就把團員都安置在小房子裡住，高房子正好做了擋風牆，故有驚無險地度過了那次的風險。

　　第2天早上出去，看到滿街都是倒下的樹，全鎮沒有一間好房子。看了以後，我和同行的煮雲法師商量，遇上颱風，我們是佛教團體，應對政府救災機構提供一些救濟基金，鼓勵大家出點功德吧！救濟貧窮比提供法寶功德還要大，乃決定由藏經會出1,000元，個人合捐出1,000元。我出250元，煮雲法師亦出250元，其他同行者共出500元。早飯後，鎮長來慰問，我們提供救濟金，他拿到錢時，熱淚直流，非常感動。這個殊勝功德，導因於氣象臺的錯報，可謂不幸中的大幸！天放晴後，我建議晚上的弘法活動照常舉行，同時立即通知鎮公所，結果大家還是聞到佛法，精神獲得安慰。

　　從鳳林到花蓮，中間有條大河，大水把橋沖壞了，要10日才能修好。我們不便久等，決定回頭走，

從高雄回臺北。但那次我們成績也不錯，我師公帶團
40多天，徵求到30多部；我們也得到將近30部的訂
單，假使從花蓮到宜蘭、基隆，應該也有師公他們宣
傳預約的數字。後來在補行預約下，總共也印了500
部。

六、領導宜蘭頭城念佛會

1956（民國45）年，我應宜蘭頭城念佛會聘請，
出任該會導師，並宣講《佛說阿彌陀經》及《觀世音
菩薩普門品》等經論，又出版《為什麼要念佛》一
書，用以弘揚念佛法門。

當年，華嚴蓮社除了兩星期一次的共修會以外，
平常沒什麼法事。在宜蘭頭城，有位居士開煤礦成
功，許願要建一座佛堂，但沒有出家人主持，只有一
位老太太在那看香火，平日無甚人跡。大約在
1954、1955（民國43、44）年，星雲法師被宜蘭佛教
會請到宜蘭，在雷音寺成立念佛會。他用一種新的方
法講經，新奇又易懂，所以信徒愈來愈多。頭城鎮長

向星雲法師表示，鎮上有間寺廟剛落成，尚無出家人住持，星雲法師的念佛會既辦得那麼成功，頭城地區希望有一個像樣的念佛會，希望星雲法師推薦一位法師。星雲便介紹我去。那是1956（民國45）年農曆5月間的事。

　　剛到的時候，當地人士向我表示：「法師，你既擔任住持，這裡大、小事務都歸你管，佛寺都是你的！」我連忙向他們說：「我只是應鎮長禮請來帶領念佛會，臺北我還有事情，沒辦法離開太久，我還有兩位老和尚（智光、南亭法師）須要照顧。」此後我除了星期六，每天晚上都帶領頭城的年輕男女青年唱佛歌、講佛教故事，晚上常帶著他們，四處傳教，鄉下小廟就是我們弘法的道場。一年多下來，成效頗為卓著。那時我們最遠跑到臺北縣的瑞芳，穿過大山洞，到大溪北邊的一個小鎮去傳教、講經。那間募善堂本來沒有香火，一年後可熱鬧了，除了辦念佛會外，每逢釋迦佛陀、藥師佛及彌勒菩薩、觀音菩薩、地藏菩薩等聖誕，都舉辦法會，每次都有2、300人參加，很熱鬧。最重要的是，我讓地方人士認識神、佛的區別，也團結當地佛子共同弘揚佛法。

因緣成萬事

因果定法則

　　第2（1957）年，頭城要辦法會時，已有3、500人參加了。那時寺廟由在家人管理，他們心眼小，看我們念佛會有錢（約有臺幣3,000多元），揚言以後不需要念佛會了，只要初1、15辦個消災法會就可以了。我其實也不想在那裡當家，他們的事情我也沒管過。鎮長聽到這個消息，覺得對我很不好意思，後來他們研商決定：街上有一間城隍廟，一座觀音寺，其中間有一塊空地，他們請我繼續留駐，並決定在空地上為我蓋一間精舍。我以臺北事情多為由婉拒了，並打算留到隔年3月，等事情告一段落，我就回臺北蓮社。

　　在那同時（1957年），我也已經當選臺北市佛教會的常務理事、臺灣省佛教會理事、宜蘭縣佛教支會理事長，所以各處都要找我參加弘法、傳戒等活動，實在也沒有時間在宜蘭常住。又逢師公南老寫信要我回臺北華嚴蓮社，因此就把頭城的工作，告一段落，結束了宜蘭的法緣。

　　在宜蘭的第2年，我接辦一本十二開的佛教雜誌。前面提到，我來臺以後，主編的第一份雜誌叫《覺世》，取我在臺北開的文具社之名。我在宜蘭時，就常跑臺北編雜誌，同時還兼中國佛教會《中國佛教》

雜誌的主編。後來，演培、星雲、我、妙然、悟一、
廣慈一起創辦了一份《今日佛教》月刊。除了文字弘
法工作，還從事電臺及監獄弘法。那時我的弘法工作
做的很積極。

　　當時宜蘭縣只有18家寺廟，現在超過一倍以上
了。我當選宜蘭縣佛教支會理事長後，曾一一走訪縣
裡18間大小寺廟，在蘇澳也講經弘法過。記得在蘇澳
佈教時，晚上睡在一家寺院的一個尿桶邊，因臭氣薰
人，一夜未能睡好。比較有印象的寺廟在礁溪，現在
還有徒孫在那裡當住持。本來是我的徒弟殊度在那裡
擔任住持，殊度已經圓寂大約3年多了。現在他的徒
弟修德法師擔任住持。他畢業自華嚴專宗佛學院研究
所，宜蘭人，母親也出家，現也住在寺中。

　　另外還有一間普照寺。該寺由殊度的師兄音度當
住持，他是在頭城皈依的。我在宜蘭期間，住過的一
處道場，叫募善堂，當地鎮長曾請我去主持念佛會。
另外老鎮長為他母親蓋了一座佛堂，我也去那裡住過
一陣。在宜蘭不到3年，皈依弟子約有1,000多人。
有人跟我出家，藏度、音度、殊度、廣度、正度等近
20人。

因果定法則

　　大陸來臺到宜蘭弘法的出家法師中，除了我在頭城，星雲在宜蘭以外，還有眞華法師也在羅東弘過法。

七、星雲法師

　　我和星雲認識很早，當時他在南京，我在江北泰州，沒見過面。在大陸的時候，我有位自一師兄，在南京棲霞山當住持。那時星雲在棲霞山佛學院念書。自一師兄有二位徒弟，與星雲同學。他們還一起辦過一份雜誌，星雲以擅於寫作出名。自一師兄的兩位徒弟也不錯，可惜後來共產黨來，都還俗了。

　　星雲法師剛到臺灣的時候，身無長物，只一身衣褲，日子過得很苦。後來他到中壢圓光寺去，妙果老和尚在那裡辦佛學院，星雲一面在那裡教書，一面做苦工，什麼事都做。他自己也曾寫過這段往事。每當早晨，別人在做課誦時，他要推著車子到市場去買菜，回到廟裡，還得挑水做粗活。

　　大約是1950、1951（民國39、40）這兩年當中，

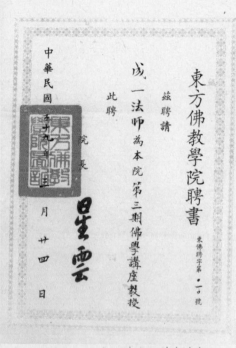

廣慈、煮雲、星雲3人，組成環島弘法團，巡迴講經。那時他們已經有些名氣，但在臺北認識他們的人還少。佛教最主要就是要有弘法的人，且需予以尊重，我當時便所以相當欽佩他們。所以他們來臺北弘法的時候，都由我負責招待他們。後來印藏經，除團長由

照片一一　東方佛學院講座聘書

師公南老人出任，其他幹部都是他們的人，他們辦的活動，我都會參加。前面提到，是星雲介紹我到宜蘭的，煮雲到鳳山，我有空時也會去幫忙。後來大家愈來愈忙，加上每個人法務都很繁多，因此就較少往來了。

因緣成萬事

智光、南亭
二老來臺

一、迎請智光、南亭二老來臺

戰後局勢緊張，盛傳政府決定撤至臺灣，南京甚至有些人已經先過來台灣了。我觀察局勢，眼見共產黨就要渡江，他們是無神論，不會容許宗教存在，這是我請太師公智光老人及師公南亭老和尚過來的主要原因。當時我是透過書信聯絡，迎請二老來臺灣。

我是1948（民國37）年11月27日抵臺。抵臺後第三個星期就開辦起「覺世圖書文具社」。智光、南亭二老是1949（民國38）年5月1日抵臺，他們初到，先暫時安排他們駐錫十普寺。當時白聖長老（1904-1989）已透過臺北市佛教會會長曾普信的介紹，將十普寺的使用權買下，他本來還想把靜安佛學院搬來，但未實現。

為什麼智光、南亭兩位老人家有暫住十普寺的因緣？因為我有個表弟，也是我光孝寺佛學院的同學─妙然法師（1922-1997），妙然法師既是光孝寺學僧，也是智光老和尚的學生，所以我就請他幫忙照料兩位

96

老人家，使得兩老在過渡時期，能有一個安頓的地方。妙然原隨白聖法師在上海靜安寺辦佛學院，任教務兼副寺，透過他與白老的關係，得有在十普寺照顧二老的機緣。師公南亭老人亦在靜安寺佛學院帶過課，抗戰勝利後，南老回泰州光孝寺，曾召妙然前往任教職。局勢緊張時，妙然法師受白聖長老之命，於1948（民國37）年下半年來臺，籌劃十普寺安頓整理，翌年他任十普寺當家。如此一來兩老來臺有安頓之處，我的心中也較為踏實。當時我是住在覺世圖書文具社的小房間。

　　兩位老人家搭乘的是上海飛臺北的最後一班飛機。由於機票一位難求，兩老本來心灰意冷不想來了，幸虧玉佛寺的住持——葦舫法師幫了大忙，他是南亭師公在光孝寺的法弟葦宗和尚的師弟。當時南公在上海住在沈香閣，葦舫法師看到報紙，得悉當天有架飛機飛臺灣，他馬上去告訴南公，南老人便不再猶豫，於是得以搭機抵臺，由於時局甚為緊張，他們差點就來不了。

　　兩老來了暫寄住在十普寺，過著較克難的生活。中國大陸大寺廟都是大地主，臺灣地區的佛寺就不是

照片一二　智光法師

這樣。二老剛來臺，還受到孫立人將軍夫人張清揚女士的照顧，我在前面提過，張女士的母親信佛，在局勢緊張時患病，藥石罔效，爽亭法師求菩薩保佑、給她喝大悲水而痊癒，之後張女士便皈依佛教，拜在智光老和尚座下。孫將軍來臺後在高雄鳳山練兵，他的公館在臺北市公賣局後面的南昌街，孫夫人到十普寺拜會很方便，兩位老人家初到臺灣，得到她不少的幫忙。她不僅對兩老很恭敬很照顧，愛屋及烏，我們都受到她的護持，甚至她能力所及也影響到整個佛教界。例如大陸淪陷前來臺灣的上海靜安寺守成法師，他16歲就到光孝佛學院就讀，和我是同學，畢業後我們又一起到寶華山隆昌寺受具足戒，1964（民國53）年初與我、妙如等3人，又一起接受南老授與光孝寺菩提之記，為第17代法裔，也是千華的第37世，他回憶說：「當時對臺灣人來說，我們是大陸來的，臺灣廟方不

歡迎，為什麼呢？大陸共產黨向臺灣廣播說：他派了很多間諜和尚到臺灣來，所以臺灣廟方當然不歡迎我們了，吃可以，住免談。」又說：「38年慈（航法師）老也被捉，在桃園被捉的，在圓光寺的學生一律都被捉，我是在竹東被捉的，從大陸來的法師，除了臺北市不捉，其餘的都捉，連臺北縣都捉。…為什麼臺北市不捉呢？因為臺北市有個智光老和尚，他有個徒弟，就是孫立人的太太，當時孫立人是臺灣新兵訓練的司令，臺灣保安司令，臺灣陸軍司令三個司令，你不能把司令的太太捉起來啊！」守成長老說的都是實情，所以說智老來臺灣，為動盪時期臺灣佛教保存了發揚的種子，這種潛在的貢獻，是不容被忽略的。

覺世書局開設了兩年，由上海購得50多萬臺幣的佛書，全部都賣光了。當時我們還兼做印刷，因為靠近成都路、康定路的圓環邊有家印刷廠，老闆也是上海人，我們相互合作，我接顧客委託，他負責印刷，漸漸局面打開，生意上門，那兩年著實忙了一陣。經書賣光後，一些居士想到要進一步推動弘法，就想到利用電臺，於是自1952（民國41）年起，就在民本電臺製作空中布教節目「佛教之聲」，師公南老人上節

目講過好幾部經，我也講了一部《金剛經》，現場還有台（閩南）語翻譯，使不懂國語的人，也能透過翻譯，濡沐佛法。其他如周宣德居士等也是主講人之一，周居士也皈依智光師公；電臺佈教一般都是到現場演說，即時播出。

十普寺由於有兩位老和尚來到，又有孫立人將軍夫人的護持，一下子度了許多人。許多信徒都到十普寺皈依，後來又做法會、講經，信徒便多起來。在大陸撤退初期，時局暗淡，人心惶惶，兩老的講經弘法對人心的安定，確實有所貢獻。1950（民國39）年，師公南亭老人被楊白衣居士請到臺中慈航院，在那裡講經說法，而認識了李炳南、朱斐居士，兩位居士後來辦《菩提樹》雜誌，協助師公南老人，成立中國佛教會、佛學獎學金會，接引知識青年學佛，對臺灣佛教的弘揚，起了很大的作用。

中國佛教會在大陸撤退前已經改選完成，理事長章嘉大師也來了，東初老法師是常務理事，他帶來了中佛會的大印，使得中佛會在1950年恢復在臺辦公。東初老人是跟著天寧寺的船來的，天寧寺在江蘇常州，是佛教的大寺，論名氣雖不如金山寺大，財產

則是天寧寺較多，光是田產就有兩萬多畝，它的禪堂也很有名。

渡海來臺的法師，智光老和尚、南亭老法師是華嚴宗；東初老人是曹洞宗，也是智老的法子，星雲法師是東初老法師焦山佛學院的學生；當時還談不上有宗派。1952（民國41）年，我們成立華嚴蓮社。中國佛教會在臺北恢復辦公，由章嘉大師繼續擔任會長，因其在大陸時就是中佛會的會長。章嘉大師是蒙古大喇嘛，在南京時，為了聯絡蒙古、西藏、西康等方面，加上他的德行能獲得大眾的認同，而被推舉為會長。

智光老和尚與南亭老法師在十普寺講經，因為孫將軍夫人介紹了許多政、軍首長夫人來聽經念佛，因此就成立了念佛會，到了年終還打佛七，慢慢地，十普寺很熱鬧了。

當時助念的事情雖有，但不是很多。說起助念，大陸佛教助念最盛。助念養了佛教，也害了佛教。助念源自佛經，《地藏經》中說，人死後七七四十九日內，要為他做點功德，超度他，讓他往生到好的地方，有罪也可以藉由他人助念懺悔解脫。在大陸上，

佛事、助念是出家人的專業。兩老創華嚴蓮社時，最初還貼張紙條在門口：「本蓮社不接受佛事」，後來皈依弟子多了，以赴他處做佛事不便，懇請師父慈悲，才開始做佛事的。

　　國大代表李子寬與孫將軍夫人來臺不久，合資老臺幣1,500萬元買下善導寺的管理權。李居士出500萬，孫將軍夫人出1,000萬，故孫將軍夫人對發展臺灣佛教很有貢獻。善導寺本來是日本人的，臺灣光復後，由臺南一位老尼師接管，但她顯然無法管理好此一大寺，所謂管理也只是看看香火而已，不能做什麼。後來她需要錢，就將管理權轉讓，她就回臺南去了。

　　當中國佛教會在臺恢復，就以善導寺地點適中（今忠孝東路上，接近中山南北路），交通方便，借此辦公，使成為全臺佛教活動中心。李子寬居士並請南公（特任中佛會的秘書長）從十普寺遷至善導寺，代管善導寺，章嘉大師以密宗而能夠當上中國佛教會會長，多半是借重他在密宗的聲望，與政府政策需給予邊疆民族某種參與權，以資團結各宗族、地區。

二、南亭老人到臺中弘法

我於1959（民國48）年，奉南公慈命從宜蘭回到臺北擔任華嚴蓮社監院。師公南亭老人，剛抵臺的時候，臺中有位居士介紹他到女眾道場講經，後來臺中市區有一佛教會館，名稱像同鄉會會館，實為道場，日據時代已建立。師公被邀請至臺中佛教會館，亦給了他一個很大的弘法機會。臺中當時有周邦道、朱斐等熱心居士，本省法師如寶覺寺住持林錦東居士也很有名。

師公到臺中以後，對臺中佛教發展很有貢獻，他在那裡辦了不少事。大部分都是春、秋兩季於臺中佛教會館辦法華法會，平常如佛誕節、觀音會等也講經，後來當地人士幫師公辦了個女眾佛學院，前兩屆由他老人家

照片一三　南亭法師

在那裡領導，第三屆起就由當地人士接辦，但師公仍任主講，師公到臺中弘法，大約前後有9年以上的時間。這期間，我也先後應邀出席了「世界佛教僧伽大會」、「世界佛教學術會議」、「國際佛學會議」等國際性大型佛學、佛教研討會，觀摩學習與磋切，增長不少見識。

三、回憶智光、南亭兩位老人

太師公智光老人是江蘇省泰州人，俗姓孫，出家後法諱彌性，號以心，別號仁先。受焦山記別後法名文覺，號智光。

智太師公大約是1921（民國10）年左右就任當家，之後他便盡心弘法，改變舊有規制。焦山本也是古叢林作風，當時江蘇有三大寺，分別代表佛教的戒、定、慧：金山江天寺，是禪宗，代表定；句容寶華山，傳戒，代表戒；焦山定慧寺，講經說法，代表慧。

智太師公天資聰穎，13歲依宏開寺玉成法師剃

染。受到玉成老和尚的器重，光緒32年即送其至揚州僧學堂及天寧寺普通僧學堂讀書，光緒34年又去南京楊仁山居士創辦之祇洹精舍就讀，與太虛大師同學。不過後來因受限於經費，祇洹精舍只維持了一年多。同時，江蘇佛教界因響應廟產興學號召，成立江蘇僧師範學堂，設在南京三藏殿，由月霞法師任監督，智太師公也前往就讀。武昌起義後，革命軍光復南京，學堂受戰爭影響停辦。1913（民國2）年他回到泰州，那時「廟產興學」的風氣很盛，他被請去創辦儒釋初高小學，不過風潮一平，經費不足，只辦三學期便結束了，但在這裡，他得到弟子南亭法師，不僅在佛學與弘法上，成為一代大德，而且隨侍他終身，師徒結下難得因緣。

此時上海有位月霞法師，在哈同花園創辦華嚴大學，經費來自哈同花園的主人，他在上海經營一家很大的公司，園內是他們住家，房屋很多。康有為、梁啟超等人到上海，也常至此盤桓。花園主人哈同是猶太人，夫人羅迦陵信佛，想為佛教復興出力，知道月霞法師是華嚴專家，就請月霞法師來園創辦華嚴大學。

　　華嚴大學辦了兩學期，學生倒有60多人，不幸好
事多磨，不久就出了事。哈同家的總管是回教徒，對
佛法的弘揚非常妒忌，遂從中破壞，以學校師生逢年
過節不向夫人拜年、頂禮爲名，對夫人挑撥，夫人聽
其讒言，規定師生要對哈同主人行禮，月霞法師不同
意，因「僧不拜俗」是定制，古時沙門尚且不拜王公
大臣，一氣之下，把華嚴大學搬到杭州海潮寺。

　　我的太師公智光大師、法曾祖常惺老和尚，師叔
公靄亭和尚，都是華嚴大學的學生。之後海潮寺因爲
經費缺乏，一度中斷，再遷往常熟興福寺。月霞法師
與應慈法師兩人，早年曾到常州天寧寺接冶開和尚的
法，他們是冶開的法子，受冶老傳衣鉢，爲臨濟宗第
42世法嗣，但他們沒在天寧寺常住過，只是一心弘
法、講經。當時應慈法師年輕，又是僧師範畢業，飽
讀儒書；月霞法師成名甚早，頗看重應慈法師。師徒
兩人，致力提倡華嚴思想，他們是民國時期中興華嚴
宗的兩個重要人物，月霞法師長應慈法師17歲，於
1917（民國6）年即示寂，得壽60；應慈法師至1965
（民國54）年始入寂，得壽93，多活了33年，弘揚華
嚴頗著成績。

　　智太師公到常州天寧寺學禪，幾年後，回到泰州北門外的北山寺（開化禪寺）。他的文心師兄在那當方丈，智太師公在那閉關研究《華嚴經》。他老人家曾寫過一部專書《華嚴大綱》，可惜日軍襲擾焦山時，藏經樓被日兵焚毀，來不及搶救，沒能流傳下來。他在北山寺掩關3年，1921（民國10）年就被邀請到鎮江焦山定慧寺當家。定慧寺是江南古剎，古名普濟寺，建於唐代，宋代再重建，佛印了元禪師曾駐此，清聖祖康熙曾加修建，親賜「定慧寺」匾額，清高宗乾隆南巡也曾駐此。

　　1934（民國23）年智光老人任鎮江焦山定慧寺住持，定慧寺是長江中間的一座寺廟，在佛教界很有名望。抗戰爆發後，日軍從吳淞口入長江，該寺成爲被攻擊的目標，國民政府亦將其列爲要塞，架設有砲臺，日軍當然不肯放鬆，前來破壞、騷擾。太師公的重要著作《華嚴大綱》，即毀於是役。智太師公本想與寺共存亡，後來住眾職事都勸他老人家，不要冒險，留得青山在，不怕沒材燒，這樣他才回蘇北家鄉。本來日本人大多數是信佛的，照理說，該不會進犯佛寺，但因焦山爲軍事要衝，日軍軍如山，服從超

出一切，因而慘遭兵災。

　　現在來說智太師公到香港的事。何東夫人曾往南京拜佛，棲霞山有位若舜老和尚，師公靄亭老和尚也在那，巧遇相見，相談甚歡。後來她將智光、靄亭都請去香港，成立佛學社團。何夫人信仰佛教很虔誠，也很認眞，她看見到處都是基督教教堂，而佛教信徒這麼多，卻沒有佛堂，心裡很急，很感慨；她看到智光法師、靄亭法師辦佛學院有成，就請他們來香港辦道場、學院。後來成立「東林覺苑」，師公靄亭法師在香港青山也辦過佛學院，在此之前香港的佛教也跟日據臺灣時一樣，原是神佛不分的，從我智太師公去了之後，才把佛陀的正法宏揚起來。香港有佛學院可以培養人才，太師公智光老法師在香港弘化，能得到很好的成就，何東爵士夫人有很大的功勞。

　　太師公智光老法師是在1934（民國23）年回到焦山定慧寺擔任住持，翌年開辦焦山佛學院，是現代式的教育機構，學生有6、70人，許多有名的法師都出身於此。日本人攻打焦山，智太師公回到泰州家鄉時，我和果一、宗一、妙然、守成、元一等6、7人留守，在光孝寺佛學院自修。這幾年中，智光太老人每

因緣成萬事

天為我們上佛學、國文課，他教學很認真，所以我們學到的東西很實在。隨著戰線延長，日軍進駐鄰縣如皋，常用飛機炸轟泰州。1940（民國29）年底，汪精衛的南京和平政府成立，策動駐泰州城的游擊正副指揮李明揚、李長江兩將軍響應和平運動，李明揚帶著一部分部隊到興化去，李長江算是投降，但泰州城總算安定下來，所以1941（民國30）年光孝寺佛學院就恢復上課，我也被提升擔任監學，出來帶課，講《華嚴原人論》。教了一年書後，新四軍過江，大行「拆廟分田」，我出家的觀音寺被拆了，田也被分掉了，新四軍的部隊到哪裡，土改就推行到哪裡，廟宇都被拆光光。

1963（民國52）年3月14日，智光老和尚圓寂，世壽75，戒臘58，法臘41。我協助南亭師公為之主理喪事，一切依佛教制度進行坐龕、傳供，最後為智太老人建塔奉安於觀音山。

1982（民國71）年9月3日，南公老人圓寂，世壽83，戒臘63，僧臘72。我在完成南公圓寂坐龕傳供讚頌會典禮之後，繼承佛學院的華嚴講席，多年來常在華嚴專宗學院主講《大方廣佛華嚴經》、《如來隨

好光明品》、《普賢行願品》、《如來出現品》、《離世間品》、《入法界品》、《十地品》等，又在所屬分支道場宣講《淨行品》、《普賢行願品》、《華嚴發願文》、《華嚴綸貫》、《金師子章》等，每於華嚴共修會中，為信眾開示華嚴要旨，其目的就在弘揚光孝庭訓。

華嚴蓮社的創辦

一、華嚴宗的傳承

華嚴宗為我國佛教八大宗派之一,以《大方廣佛華嚴經》(簡稱華嚴經)為根本經典,故名華嚴宗。全經以彰顯一真法界為主旨,也名法界宗;又因法藏賢首國師集其大成,也名賢首宗;又清涼國師著《華嚴大疏鈔》,發揮華嚴精義,故也稱清涼宗。但究竟根本,仍以稱華嚴宗,最適宜。

釋迦牟尼佛滅度後,《華嚴經》隱而不傳者600餘年,迨龍樹菩薩自龍宮誦出,與馬鳴菩薩先後應和,方始大盛,成為諸大乘經之首。所以有以龍樹、馬鳴及杜順等中土五大師,合稱七祖。若以宏傳華嚴,發揮精義,則慣例只稱華嚴五祖,為正統傳承。華嚴就經期而言,係印度佛教中期的大乘作品;就學派而言,則為中國佛教的宗派,因頗能契合國人追求中庸圓融的心態,故能興盛成一大宗派。

初祖杜順和尚(西元558~640年),為唐初雍州人,隱居終南山,依據華嚴作法界三觀,為本宗教學

112

的張本。初祖生平頗多神跡，深受唐太宗的禮敬，賜號帝心尊者。二祖雲華和尚（西元620～668年），法名智儼，根據《六十華嚴經》作《搜玄記》等，奠定本宗基礎。三祖賢首國師（西元643～712年），名法藏，本康居國人，祖父歸順大唐，而移居長安。三祖精研華嚴，為本宗之集大成者，武則天稱帝，賜號賢首國師。四祖清涼國師（西元738～839年），法號澄觀，浙江會稽人，秉賦特異，祖述風規，扶其傾違，身歷九朝而為七帝門師，當時人尊為華嚴菩薩，世壽102歲。五祖圭峰大師（西元780～841年），法諱宗密，果州西充人，宗崇華嚴，倡禪教並重，著有《新華嚴經合論》等十數部，時人尊稱為華嚴五祖。經五祖之闡揚，華嚴宗極盛一時，至唐武宗會昌法難使佛教趨於衰微，本宗也一蹶不振，幸而宋、明、清均有復興之法師，始得不絕如縷。

民國創立，又有月霞（1861-1918）大師於上海創華嚴大學，智光、常惺與持松等法師就讀其間，深領宗旨。應慈法師（1873-1965）也於上海創華嚴學會，專講華嚴，南亭、隆泉、靈源等法師前往追隨。大陸易幟後，智光、南亭、隆泉、靈源等法師，先後來

臺。智光、南亭師徒創華嚴蓮社，繼志續業。隆泉法師創華嚴寺於士林，講誦《華嚴》，但未幾而人滅寺毀，非常可惜。靈源法師創十方大覺寺於基隆，致力弘揚華嚴宗旨。

二、初創華嚴蓮社

1952（民國41）年，師公南亭長老，在臺北市創立「華嚴蓮社」，推動弘法工作，並奉養其恩師智光老人。我於是年夏天，亦奉召進住蓮社，協助兩位長老，發展社務。

華嚴蓮社未創立之前，太師公智光老和尚住在北投居士林，師公南亭老和尚被請到善導寺當導師，在那主持共修會、講經。兩位老和尚在來臺以後，先暫在十普寺與善導寺講經說法，皈依的弟子就從這兩方面結合起來，認為應有自己的道場，以供共修之用。在此要求下，皈依弟子、信徒們，大家結合力量，先合資在新生南路1段97巷9號，臨時買了一幢木造平房住宅，勉強作為臨時弘法佛教的草創道場，以智光

因果定法則

114

照片一四　華嚴蓮社改建前與南亭老和尚在舊門樓前合影

老和尚為導師，南亭師公任住持。

　　道場建立後，師公對我說：太師公智光老和尚年紀大了，需人照顧，叫我回來幫忙，我當然是義不容辭。來臺初期，我原和佛學院老師張少齊居士住在一起，在西門町成都路，成立覺世圖書文具社流通佛書。但在1950（民國39）年11月，就結束營業，因批進來的佛書，在兩年不到就都賣光了，所以把店面賣

掉。後來張居士在中山北路2段頭附近買了一棟樓房，在那邊開了一間佛學書局，繼續印經流通工作；那就不需太多人，而且我也不想再做生意了。我就住進書局，主編《覺世旬刊》。

蓮社先在新生南路，暫駐了2年多，1954（民國43）年移到濟南路2段44號現址。原來的地方不理想，跟隔壁只隔著一道牆，他們嫌我們吵，我們也嫌他們不清靜。現址本是宜蘭農會的臺北辦事處，是一花園住宅，前有小院，後有花園水池，較爲寧靜。

在臺北，我們本有機會創辦一座較大的道場。但當時政府一再宣傳「一年準備，二年反攻，三年掃蕩，五年成功」，所以兩位老和尚以反攻在即，也都不主張建大道場。當時大同公司老闆林煜灶老先生伉儷，都在蓮社皈依智光老和尚，他們曾表示說要捐地供我們建道場，智光太師公以即將回大陸而婉拒其好意，沒想到一直在這兒住到現在。

三、主持與改建華嚴蓮社

116

　　華嚴蓮社的原址是一幢花園住宅，兩位老人家搬進之後爲了舉行定期華嚴月會，於1962（民國51）年在前面蓋了2層樓房，是爲第一次改建。蓮社現在前面這棟樓，是1972（民國61）年3月1日改建的。事先南公邀請了諸山長老悟明、妙然、蓮航、眞華、廣元、妙湛等長老見證，將住持責任交給我。從此我就須負起所有蓮社的各項事務，與規劃發展方向。我鑑於2層樓房已不夠使用，才開始進行第2次改建。當時我們花園後面有兩幢小住宅要賣，我就借錢買進，跟我們比鄰，打通後以便擴建。此時地成長方型，從前面馬路直通後面巷道，改建後原只4層樓，2年後（1973年）再增高到6層，我們的房子2樓挑高，實際上等於5層。由於原屋頂平坦，加蓋不難，我們將它作爲學生宿舍，可住20～30人。

　　我在1959（民國48）年正月回蓮社後，在下半年即組織冬令救濟會，我們稱爲「福田功德會」。因爲太虛大師提倡，現在的佛教要做三件事，即教育、慈善、文化三大事，我們便是本著這個宗旨，發心從事這三大事業。我接任住持時，國際物價因第一次石油危機而蠢蠢欲動，因此立刻尋覓建築師規劃，並隨即

展開改建，在1975（民國64）年才竣工。我們不化
緣，都是公開向信眾說明我們的計畫，希望大家發
心。此外，在做法會的時候也向信徒報告，希望大家
能夠支持。

　　但信徒捐獻所得之款，還不到建築所需經費的三
分之一。其餘有些來自師公給我的資金，還有做佛事
信徒的捐獻以及部分暫借之款。到了前棟大樓落成的
時候，連同佛像在內，共花費1500多萬元。1974
（民國63）年，華嚴蓮社擴建完工，由香港古典佛相藝
術公司，塑造一尊大身毘盧遮那佛、華嚴三聖、西方
三聖、藥師佛等佛相各一堂，莊嚴各樓佛殿。房子落
成後，有一天早餐時，師公指示現在有空間可以開辦
佛學院了，我慨然接受，不過我也請他老人家答應我
一個小小的要求，即請他老人家講《華嚴經》，承他
老人家慈允。我們是華嚴蓮社，應以《華嚴經》作為
主修的功課。

　　蓮社的佔地，約206坪，從前面馬路到後面巷
道。後面是木工廠組合的兩棟住宅，前面是一家有魚
池、花園的公寓房子。我將他們合在一起改建，當時
此區不是住宅區，只能築4層樓。現在這棟房子，是

因緣成萬事

117

1972（民國61）年後才建的，後面這塊地本來是中國國民黨婦女工作會主任委員蔣宋美齡的秘書錢劍秋女士的住宅；她年紀大後，土地交還臺北市政府接管，便開始處理、變賣。在1954（民國43）年的時候，師公老人家也改建了一棟兩層小樓房，約28坪，與幸安市場隔條牆而已。1961（民國50）年再利用後院花園空地，增建2層樓房1幢，底層作爲正殿，供奉華嚴三聖像，2樓供奉西方三聖像，並作爲星期佛學講座禮堂。嗣後陸續購得臨沂街29巷11、13號兩間住宅，因此把前座濟南路房闢爲佛堂講堂，後座臨沂街房舍爲宿舍、廚房，前後打通連成一氣，1967（民國56）年師公爲使蓮社傳之久遠，乃將原爲私產的蓮社，向政府登記

照片一五　改建後之華嚴蓮社外觀

為寺廟，化私為公，精神令人敬佩。

　　民國62年蓮社的左右鄰居開始興工改建，施工動土了蓮社的地基，地裂屋斜，成了危險建築。但當時正值世界石油危機，國內外物價蠢蠢欲動，隨之劇烈波動，我惟恐存款貶值，乃決心提前申請全部改建。經向政府申請建築執照，至63年5月正式開工，經過1年4個月的整地、興建，到64年8月，房子才完全翻蓋成功。

　　改建的經費，包括南亭師公給我不到5萬元的基金。我們也向人借錢，假使人家要利息也照付。從起建時的400多萬元，到建成以後，共花掉1500多萬。房屋地上4層，地下2樓。我特別請建築師向市府商量，因高度受限，能否將地下室使用空間擴大，而非僅是原來的四分之一而已。這是第一個要求。第二個是，房子不希望有柱子，因是道場，房中若有柱子，就不實用了，能否以橫樑代替，所幸也獲得通過，所以我們房子一直到頂樓都是沒有柱子的。建築師是請我們的信徒擔任。建築師在建造的時候，也特別設想，中間用鋼管做了幾道橫樑，鋼管架在牆頭上，效果不錯。

四、成立華嚴專宗學院

創辦佛學院是1975（民國64）年，但早在蓮社房屋還在改建中，尚未落成，先師公南老人就指示我辦佛學院，其目的在：一、提高僧伽教育水準，培養現代弘法人才，以應時代潮流。二、為了紀念華嚴蓮社開山住持智光和尚，因其學行都專宗於華嚴，而華嚴宗主張法界緣起，頗切合現代民主科學的思潮，為當前時代所需，值得大力發揚。三、自民國57年臺灣實施9年國民義務教育，各科技大專院校相繼設立，加上國際性的科技進步，更一日千里，知識爆炸，僧伽教育如不及時提升，勢難應付未來時代潮流。

既然師公明確指示，我也慎重籌備，終使佛學院順利成立，定名為「華嚴專宗學院」，用來「弘揚華嚴大教、培養弘法人才，端正佛學思想，建設人間淨土」。學院採取4學年制，以符合國家高等教育的學制。老人要我擔任院長，我敦請師公南老人擔任導師，主講《華嚴經》。我為生徒講授「大乘起信論」、

因緣成萬事

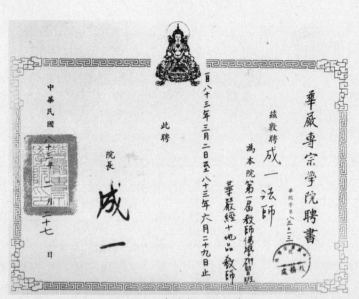

照片一六　華嚴專宗學院聘書

「中國佛教史」、「律學」、「禪學」等課程。對大學生應具備的通識科目，中、英、日等國語文，中外歷史與佛教史，中、印哲學等課程，均列爲輔助課程，至於佛教的其他諸宗：如天臺、法相、般若、禪、淨、密等亦多所提示，使莘莘學子得以廣聞薰學以應實用。此外還開了一些有關弘法實務所需課程，如論文寫作、資訊、媒體、電腦操作學習、書法、音樂等，我們也爲學生做升學輔導與就業實習，讓他們畢

業後有深造及進入社會的服務能力。

　　籌備時原定入學資格爲高中、職及中等佛學院畢業學生，但開辦之初臺灣教育程度尚不像現在普及，還有許多失去就讀高中機會的有志青年，他們渴望有接受繼續上學機會，加上寺院人情關說，學子求學意願懇切。我想：佛陀既然沒有不能度化之人，於是就接受國中與初級佛學院畢業生報考，而區分爲正科與預科兩班授課。正科修業4年，成績以學分計算，凡修業期滿，念完必修學分，成績及格者准予畢業。畢業生中凡繳交5千字以上論文，經評審合格，得授予學位。預科修業時間爲3年，學生成績按一般中學，採分數計算法計算，3年修業期滿，考試及格，准予升入正科就讀。正科生必須於修業期間修滿130～150個學分，才能畢業，這是當時臺灣第一個採取大學教育制度的佛學院。

　　我請老師訂課程，師資方面，教授都是有佛學修養的大學教授，把課程先排好，老師請好，時間排好，一定要把預定的課程教完，不能請人代課，這是我辦學的精神。我請到眞華法師、聖嚴法師、明光法師、寬謙法師、許洋主、游祥洲、張廷榮、陳一標

（現任玄奘大學教授）、陳榮波、陳英善、關世謙、昭慧法師（教授《俱舍論》、「戒律學」等）等人，他們都曾在專宗學院裡教過書，都是學有專長的教師。

　　雖然學生人數不多，第一屆只招收18人，後來曾接近到30人。我們為了培育佛教人才，不惜奉獻，例如我們提供學生膳宿、學雜費全免；成績優異者，可申請各種獎學金；但中途退學要賠償學雜、膳宿費，以免學生持志不堅，半途而廢。同時規定：出家眾報名需剃度師長保證，在家眾需父母保證。

　　我們重視有關華嚴學說的相關課程，也盡力聘請名師授課。最初有顯明法師開《華嚴五教儀、教義章》；張少齊老居士開講《五重唯識觀》、《三十唯識頌》；張廷榮居士講《攝大乘論》；真華法師開戒律學；李世傑居士開哲學；明復法師擔任佛教史；吳居徹老師教授梵唄；師公南老人每日則為學生開示禪學、靜坐。在學院開辦當時（民國64年）臺灣的佛學院，只有佛光山、屏東東山寺、新竹壹同寺比我們早，全臺佛學院總數大約不出5家。

　　我們在課程與師資方面，與一般佛學院不同。我們佛學院等同大學，就是4年制；要設定課程時，我

因果定法則

們找了幾位老師來研究，預定在4年當中，要學習什麼課程，方切實用。4年學制，每年兩學期，皆按照大學學程來辦。挑的課程一定是亟需要用、化導社會、宏揚專宗的，有的是《楞嚴》、有的是《法華》、有的是《華嚴》，由於我們是華嚴專宗學院，所以特別重視與華嚴宗有關的課程。

我們的課很多，課程方面，請文化大學李志夫教授，幫我策劃。我們先約幾位預訂的老師開教務會議，把課程排好，參與會議的有李志夫教授、眞華法師、聖嚴法師、慧嶽法師，居士也有好幾位。在課程中，我們安排廣元法師教書法（他現在是書法協會的會長）；教音樂的是臺北工專的吳居徹居士，教佛教歌曲，那時我們也寫一些佛歌。學生最多時30多人，4年一招，時代不斷進步，我們佛教教育事業也需與日俱進，同時爲鼓勵畢業生繼續深造，所以我們除了協助他們投考國內外研究所外，甚至資助可造之才出國留學。到1983（民國72）學年起，我們也增設研究所，兩年以後不辦學院，專辦研究所，每年招生，定額10名，這是賢度法師任院長的時候改的。我深切希望能多培養專業弘法人才，也能將佛教向國際弘揚。

　　我在佛學院兼課，教務方面專門請有監學。我教過《大乘起信論》、《中國佛教史》、《八識規矩頌》。師公南公老人則專講《華嚴經》，他老人家於老師缺時，也曾講過佛教歷史，以及《八宗綱要》。我們將課程都先排好，哪位老師、教什麼課程，需要多少時間，在開學前都事先排好。

　　佛學院上課的地方，安排在蓮社1到3樓，第4層是學僧的宿舍，3樓是教室，2樓是佛殿，1樓是飯廳（齋堂）。3年後增建兩層，五樓前座為圖書館，後座增立一間教室。日常生活我們除設有教務、訓導兩處，輔導學生修學外，一般採用學生自治，讓他們投票選出自己的班長、學藝、風紀、衛生、康樂及宿舍室長等；並使學校叢林化，修行與學習平衡發展。在我印象中，所有教師都很發心，因為我辦學態度很認真，這幾位法師多看在我份上，都很認真教學，因此傑出的校友很多。

　　剛開始我本來要辦男眾佛學院，因為我們是男眾道場，但男眾招生困難，來報名的只有2、3人，不得已，我們才招收女眾。最初是採男女兼收，曾經試過一段時間，因男少女多而作罷，且男女共處亦不好，

故後來就不招男眾了。男眾難招，應考生大部分是女眾，這是時勢所趨，令人感到無奈；其次，因現代的男眾心較散漫，不易靜下來好好讀書。

過去日本人似乎也不重視出家人的生活，出家人懈懈怠怠，沒有什麼正確方向、目標。現在臺灣佛教出家眾漸以女性居多了。從我們佛學院畢業的男同學，如研究所第一屆的徹定法師，他現在高雄，另外還有兩位男同學。總體說來，男眾還是太少！

五、辦佛學院的成果

最初是興辦4年制佛學院（大學部），到了第3屆（民國72年7月）開始，開辦研究所碩士班，招考國內外大學畢業，具有學士學位或佛學院高級班畢業，持有畢業證書者。研究所在學3年，主要訓練學生能以學術精神，研究佛教高深哲理，俾使畢業後可以有更專門、嚴謹的佛學涵養。每位同學在畢業前必需撰寫3萬字以上的畢業論文。1995（民國84）年起增聘畢業生為研究員，從事研究華嚴經及專題寫作，迄今已有

4屆畢業生。若畢業出國深造者給予生活、獎學金的補助，其餘也輔導其在國內外分支道場從事弘法、教學等工作。到現在為止，佛學院及研究所將屆滿30年。其成效，可由前（2003）年我在過農曆年虛度90歲時，學生們要替我做壽，我認為不如辦個同學會，將畢業的同學都找回來，看看各人成就如何？目前做些什麼？那次回來的同學，頗出我意料之外，國外聯絡不到的不算，返校的畢業同學一共來了50多位。有8位同學可以講《華嚴經》，足見我們的課教得很實在。另外創道場、任當家的也有好多位。

　　第1屆畢業的觀慧法師，首先就被聘任為高雄元亨佛學院夜間部主任；會容法師曾任臺南開元佛學院教授；繼證、繼尊師兄弟學成回檳城三慧講堂及馬來西亞佛學院講學弘法。韓國僑生海德、亨岩、成文3位法師，學成回國任大學教席；妙果法師留學日本佛教大學歸來，接任本佛學院研究所工作。而賢度、明度法師也先後擔任本院的院長、副所長；圓照、繼欣、宏仁、真義法師曾擔本院及先修班教務、訓導主任；慈汶法師除在本院任課外，還擔任學院推廣部主任；賢度、鍾慧、自莊曾任教於圓光佛學院；地觀任

因果定法則

教於淨覺佛學院；慧學在海明佛學院任教及擔任行政工作；達度、觀慧、乘瑄、宏仁、靈通、開智、地觀、賢度、明度先後擔任本院各部作育英才。又賢度、繼欣、慈汶、靈妙、李宜眞也在佛教智光商工任教。這是佛學教育與社會教育部份。還有興辦孤兒院，負起幼兒教育的校友，例如達觀同學創幸夫幼兒園於羅東該園設備完善，收容100多位孤兒，教養俱佳，榮獲內政部頒發獎金獎狀。如行學成回去泰國弘化於泰北難民村，收容數百位孤兒。還有仁悟法師開辦廣慈幼稚園，後來又成立廣慈精舍於桃園。能度、宏仁、妙果、明度、堅志、檀度、慈汶也先後服務於蓮社，在桃園的僑愛兒童村，頗有口碑。推廣教育方面，有觀慧、地觀、賢度、慈汶、開慈、正度、惟新等推廣校長學佛營、教師學佛營、兒童學佛營，以及八關齋戒、菩薩戒會等項活動。

講經弘法的則有賢度在中國大陸以及美國講經；圓果留美建蓮社於德州弘法；眞義弘法於巴西；弘度、天因、天融也在美西華嚴蓮社講經；證光得京大博士後在日本弘法；自莊去馬來西亞講華嚴；開賢、賢度、地觀、圓照都曾在民本等電臺講經；徽定、地

觀、觀慧、修德、證自、炫慧、天因、自莊、淨印等
法師分別住持各寺院領眾研修；德清、達觀、如欽、
賢度發心在宜蘭、新竹、臺北等佛教會爲教徒提供服
務。還有德清、地觀曾受聘在戒場任引禮引讚等。

　　另外，爲提升佛教教育水準，我鼓勵校友爭取出
國進取的機會。到目前爲止，考進海內外聞名大學的
校友有：證光法師畢業於日本京都大學研究所博士
班；日賢、開智留日學成回國任教職於佛學院；紹莊
到泰國去留學，也翻譯書籍出版。成文進修畢業於臺
大哲學研究所；賢度於今（2005）年初獲得印度德里
大學博士學位；慧學仍讀印度德里大學博士班；弘
度、天因、天融讀美國加州大學；宏仁、體信也在美
國進修。考進國內大學進修碩士博士學位者有：天
行、天藏、天恩、願締、靈妙等法師就讀於玄奘；照
慧、郭秀年、繼欣進修畢業於法光、中華佛研所；讀
空大畢業者有乘瑄、證自、李宜眞，尚在空大就讀者
有覺清、性恩、明達、敬元、天蓮等同學；洪倩玉不
但畢業於政大，還任公職於臺北市政府。

　　創建道場的，首推德清法師創菩提寺於羅東，又
創道種寺於宜蘭多山；達度建華嚴精舍於臺中；法明

因果定法則

創妙持學院於臺北；正度創海會寺於宜蘭，還開創佛教圖書館於新竹；圓識創農淨寺於柳營；開賢（聖心）、性明合建藥師精舍於臺南新化大轉法輪；能度重建南光寺於南方澳；照慧、照乘跟師兄弟創普宜苑於臺北士林；炫慧、演慧師兄弟分別開道場淨慈寺於屏東新埤、高雄；惟新成立佛明精舍於楊梅、體信同學創道場於臺北縣，慈果到臺東偏遠地區建寺弘法。自創寺院蓮社精舍者尚有心觀、果詮、禪度、性禧、慈汶、傳智、自莊、敬元、仁彬、宗元、檀度、馬來僑生弘法法師（黃香蓮）。馬來僑生繼法創佛寶林寺；弘修、繼傳、繼信、繼欣師兄弟，各有所成；智清繼其師業主臺北松柏精舍，弘揚法化；慧純、嚴慈學成回新加坡主持慧嚴精舍。圓欣創大願講堂於高雄，慈圓在瑞芳弘明寺弘化；慧純、嚴慈學成回菩提講堂服務；果忠學成回西園常住弘修；證仁學成回士林妙覺精舍弘修；證行、見化到金門，見勝師到澎湖等，各主一方。開慈則在臺北文殊院，10 年來也弘揚佛法接引不少信眾。而體成法師則來往於新加坡與臺北，在新加坡也有自己的精舍，並收徒、弘法。

投入佛教文化事業有賢度、自莊出版佛學書籍；

天藏法師與自莊、體成、修德、德和、紹莊、慈修、
法壽、慧定合編《新修華嚴經疏鈔》；天行、天恩法
師讀書之餘兼編《萬行》雜誌。

照片一七　華嚴專宗學院成立同學會

　　爲讓他們彼此認識與聯繫，使深入了解，我也鼓
勵他們繼續努力，並主編了一本書，收錄他們奮鬥歷
程與心得，書名《果實纍纍慶豐收》，由華嚴蓮社於
2004年出版，教界、學界爭相閱讀。

　　至於辦佛學院有無困難，這方面倒是很少。因爲

我們有一定的制度，蓮社本身有基金，學生來就讀之後，我們供給食宿，還補助一些生活費，使學生可安心就讀。如研究所學生，一個學期補助每人5,000元。師資方面也沒有困難，大部分是師大的教授，也有臺北工專的，如張廷榮、陳榮波等，文化大學歷史系教授陳清香也來我們這裡教過書。

成立研究所的動機，最初僅希望提高學術水準，多培養幾位高程度的同學出去弘法。不過從現在看來，未必是從正規的高等教育中就能培養出高材生，有些還是在我們4年教育培養成功的，他們還可以講《華嚴經》。賢度、明度都是華嚴專宗佛學院畢業的，另外大學部第一屆還有一位日賢法師，曾留學日本，拿到碩士學位。現在華嚴專宗學院只有研究所，因為佛學院大學部現在多了，這跑那跑的心不定，故不再招生。研究所要讀3年，該修習多少學分都有規定，研究以華嚴為主要領域，也不排斥其他宗派。臺灣佛教還是有前途的，現在佛學院多了，每間佛學院至少都會培養出一、兩位人才。賢度有一個目標，希望到美國華嚴蓮社去辦學，現在賢度已經獲得博士學位，可以全力到美國去講經、辦學。賢度非常用功，喜歡

讀書；明度非常細心，對人十分親切。

　　賢度去印度取得學位是個因緣，她在聖嚴法師的法鼓山佛學研究所遇見印度德里大學的佛學教授沙洛（Dr. Sarao），相談之後，沙洛教授以為賢度有慧根，應該把握機會多做探討，擴大研究領域，於是鼓勵賢度去印度。她就去印度念書，2005年初拿到博士學位了，她的指導教授非常高興，專程來臺灣參加我們為賢度舉辦的慶祝會。現在她希望去美國辦學，希望佛教能在美國生根，故她一方面要培植教育人才，另方面也要向美國人宣揚佛法，培養國際佛教人才。我曾鼓勵她，美國是科學的領導國家，要把佛教是科學的思想介紹到美國，如此才容易被人接受。

六、了中法師與淨海法師

　　我們為什麼請了中法師、淨海法師來華嚴蓮社擔任住持呢？自南公把住持傳給我之後，蓮社可說是我們這一派在臺北的開山道場，太師公智光老和尚為第一代，南公老和尚為第二代，我是第三代。我不一定

要傳給我的剃度徒弟、徒孫，佛教財產屬於十方僧物，為十方出家人所共有，十方僧人都有權來利用這個道場，故我們不把這裡當成是我們自己的寺院、財產。

當年我住持任滿了，我就想找住持，想傳給教內有識之士，但沒有適當的人選，就想到了中法師。那時候了中法師還不是善導寺的當家，他在北投那邊有道場，他與我都是江蘇泰縣同鄉，也是泰州光孝佛學院先後班的同學，他比我年紀小10多歲。他幼年出家，聰慧過人，法相堂堂，受戒於南京古林寺，曾參學各大叢林，先入泰縣光孝佛學院，後又上了南京棲霞佛學院和上海靜安佛學院。1949（民國38）年來臺，依止汐止彌勒內院慈航法師。1961（民國50）年決心留學日本，在東京立正大學，獲碩士學位。回國後出任太虛佛學院教務主任，1970（民國59）年協助法藏寺慧光法師創辦法藏佛學院，旋出任院長。1977（民國66）年應白聖長老之聘，出任中國佛教會秘書，他在佛教會長達16年，除與佛教界保持良好關係外，又使佛教會與政府間建立良好的溝通，是一位各界公認才華出眾的和尚。

　　1985（民國74）年我深感兼職太多，無暇修行，
請他來做我的接班人－華嚴蓮社第4任住持。

　　了中法師做了一年蓮社住持後，1987（民國76）
年善導寺就請他當家，旋出任住持，中國佛教會因他
有豐富的資歷，也請他去擔任秘書長了。因此我就在
1986（民國75）年10月請淨海法師擔任第5任住持。

照片一八　華嚴蓮社第五任住持淨海和尚晉山大典（1987年10月23日）

　　淨海法師在美國德州休斯頓開了個道場，他也是我泰州同鄉，在上海佛學院聽過我的課，來臺以後，跟慈航法師學了一陣，後來到泰國去留學，在日本也拿到碩士學位，並讀完了博士課程。淨海法師擔任住持實際上是掛名，因他無法在這裡常住，要到美國那邊去弘法，每年只能春、秋兩季，抽空返臺主持華嚴誦經法會，開示法要。他精進修學，嚴持淨戒，著有《南傳佛教史》，譯有《佛陀畫傳》等書，為當代佛教界不可多得的僧寶。他不能久住蓮社，但因蓮社組織健全，社務推動則照樣順利進行。

七、賢度法師與明度法師

　　淨海法師以後，接任住持的是賢度法師，她成為本蓮社第6任住持。

　　在了中法師及淨海法師擔任華嚴蓮社住持期間，我也很忙，海外、海內不斷跑，擔任許多職務，非常忙碌。之後也找不到適當的人來擔任住持，我的剃度弟子賢度剛好佛學院、研究所都畢業了，就在1994

（民國83）年4月，我將
住持之位交給她來擔
任。賢度是江西會昌
人，1958年出生，內
號了行，別號思齊。父
親為醫師，母親是忠實
佛教徒。她自研究所畢
業後，歷任華嚴專宗學
院教務主任、訓導主
任、蓮社監院。自
1991（民國80）年元
旦，她擔任監院以來，

照片一九　第六任住持賢度法師

除對華嚴宗義作了深入研究，不時發表一系列弘揚華
嚴的專著外，並努力推動各項弘法、教育、文化、慈
善等利生工作，任內不僅在制度上做了許多改革，也
舉辦了很多文教活動。例如：1992（民國81）年6月將
蓮社規制改為叢林僧團制度，將歷年來的應酬佛事停
辦，改以共修法會方式接引信眾學佛；同（1992）年2
月成立菩薩學會，大力宣揚正法，加強對信眾的服
務；1993年起連續舉辦了8屆的暑期教師佛學研習

會。擔任住持後，又推動舉辦教師禪學研習班及兒童佛學夏令營；為鼓勵大專青年學佛，更提高了大專佛學獎學金的金額，同時力促獲獎之佛學論文集的出版；又於1996（民國85）年起將《萬行雜誌》改編，以最新色彩印刷排版，引起信眾閱讀興趣，發行量遂達萬餘份。另於1996（民國85）年成立叢書出版部，進行華嚴教材系列的出版及《華嚴疏鈔》的整編工作。此外，還將蓮社重新做了一番整修。以住眾人數不斷增加，蓮社空間不足，於是購置了鄰近5層樓的建築，使蓮社的體制及外觀露出嶄新的風貌。2000（民國89）年9月復接任華嚴專宗學院院長一職，同時製作空中佛學院節目，對廣大信眾播放。

過去蓮社一直熱心興辦公益事業，深獲社會各界好評，分別於1993（民國82）年獲黃大洲市長頒「熱心公益」，及內政部「弘教濟世」匾額各一面。賢度接任後，即榮獲內政部長吳伯雄頒「昭德揚善」匾額，與榮獲北市政府民政局頒發慈善事業績優楷模獎、「德風義行」匾額各乙面。此後連續5年（1995～2000）皆獲績優楷模獎，這些殊榮，不僅代表社會各界對蓮社之肯定，更是肯定了賢度法師在推展慈善公

益事業方面所做的努力。

　　賢度法師專修華嚴經教及普賢行，恆持準提觀音法門為日課，並以華嚴行者為終身職志，著作有：《轉法輪集》、《華嚴學講義》、《佛教的制度與儀軌》、《禪學講義》、《觀音法門》、《華嚴學專題研究》、《華嚴淨土思想與念佛法門》、《善財童子五十三參的故事》、《華嚴經十地品淺釋》等。另有有聲出版：《華嚴宗源流CD》、《華嚴宗源流VCD》、《華嚴字母CD》等。她同時也是一位踏實認真的菩薩道行者，她認為菩薩行者，須以無我的出世精神，做入世濟眾的事業，要能順應時代，以建立人間淨土為職志，效法菩薩慈悲胸懷，依佛教經典，啟發本有智慧，

照片二〇　2005年3月賢度法師榮獲印度德里大學哲學博士學位

因果定法則

融通理事，勤修福慧，以四攝法，方便接引眾生，堅守佛弟子本位，以弘揚佛法爲正行，從事教育、文化、社會福利等工作爲助行，以達到自利利人的目的。

　　賢度法師拿到哲學博士學位後，人多半在美國華嚴蓮社。美國華嚴蓮社要蓋一個大雄寶殿，她在那主持開工、監工。現在佛教界普遍短缺人才，大陸有些法師甚至一人兼了6、7間寺廟的住持。

　　2001（民國90）年5月，賢度法師住持兩屆任期屆

照片二一　第七任華嚴蓮社住持明度法師

滿後，董事會改選另一名我的剃度弟子——明度法師為第7任住持。賢度法師即陞任華嚴蓮社副董事長，除繼續華嚴學術研究外，更積極於海外弘法事業，將華嚴教法弘佈至大陸、美國等地，廣受海外各界信眾擁戴。

　　明度法師，內號了參，臺灣省雲林縣人。1986（民國75）年來蓮社依我出家，華嚴專宗佛學研究所第2屆畢業，出任桃園僑愛佛教講堂住持，推展鄉村佈教及救濟工作，成績頗著。隨即出任佛學院講師及華嚴專宗佛學研究所副所長、臺北華嚴蓮社及美國分社董事、宜蘭普照寺住持。2001（民國90）年5月應董事會之聘，晉山就任臺北華嚴蓮社第7任住持至今，她才思敏捷，能說能寫，又善於領眾弘法，蓮社在她主持下繼續推動弘法大業。

八　、　華　嚴　蓮　社　董　事　會

　　佛教是世界性的宗教，也有它自身的制度。佛教認為寺廟財產非私人所有，是寺廟公有的，十方僧眾

都有權來享受、使用，不能隨意變賣。國民政府奠都南京後，制定宗教法，規定寺廟財產爲僧眾所有，住持管理，政府監督。華嚴蓮社在1957（民國46）年完成蓮社寺廟登記，把過去的私產變成佛教公產，建立叢林制度。

以前華嚴蓮社沒有董事會，只有法系傳承而已，董事會是在我承繼後才組織起來的，蓮社董事會與智光商工職校的董事會不同。智光商工是我們的社教事業，華嚴蓮社是我們的弘法事業，兩邊董事會的性質與職責並不重疊。華嚴蓮社在1977（民國66）年完成財團法人登記手續，由信徒大會選出南亭長老、妙然、雲霞和我4位法師及張少齊、莫淡雲、王培基等居士爲董事，組成董事會，並公推南亭師公爲首任董事長。師公圓寂後，才經過改選由我繼任董事長。

華嚴蓮社董事會現有董事7人：美國道場代表2位，桃園佛教講堂代表也有2位，蓮社方面3位，共7人，票選產生，每3年改選一次，連選可連任。改選時，假使有人不續任，就退出換新人。董事會負責臺北蓮社、美國道場與桃園講堂事務，管涉範圍不包括智光商工。智光商工另有董事會，總共有15名董事。

華嚴蓮社的
弘化事務

　　華嚴蓮社例行的法務、事務，最主要以弘揚佛法、經辦教育、開講經會與念佛法會。在弘法工作上，首先我們在民本電臺開闢「佛教之聲」節目，南公老人在電臺講《般若心經》、《十善業道經》、《佛說阿彌陀經》、《妙慧童女經》、《釋教三字經》等，我講《金剛經》。其次是教育工作，1965（民國54）年創辦智光商工職業學校。第三是慈善工作與社會福利。此外，還有文化、出版工作，在這方面南老人首先出版《心經講義》等，我則出版《為什麼要念佛》一書。基本上我們不經營財產，弘法以信徒的供養為財源收入，用以支應蓮社的日常開銷。

一 、 祖 堂 供 讚 與 弘 化 事 蹟

　　就法脈傳承上說，華嚴宗與臨濟宗的表達方式不同，臨濟宗有課誦本，法脈傳承就印在課誦本後面，但課誦本也未普遍流通。來臺時，我帶了課誦本，依據我們所學的華嚴宗，我受戒為南京寶華山的律宗，另外我們是接光孝寺的法，學是「慧」，修是「戒」。

因果定法則

144

照片二二　攝於祖堂（侯坤宏攝）

照片二三　攝於南亭和尚供贊前
（侯坤宏攝）

我在傳承表中，戒學法號是「瑞定」，成一是慧學，我徒弟法號中的「度」，在這裡就是「續」字了。

華嚴蓮社祖堂上的供讚，是我們對法脈傳承先祖上人最簡略的歷史記載。只用六句話要將祖師生平最重要的事蹟表達出來。如南亭和尚的供讚是：「宗傳宣律，教演華嚴，戒乘俱急步前賢；道法廣流傳，興學濟貧，恩澤遍大千。」第一句說的是他的宗派；第二句是表彰他的學問；第三句的「乘」，就是大、小乘的「乘」，代表經典；戒乘俱急，一方面受戒就代表修

持，「乘」在此又象徵講經弘法，「俱急」表示都很用功、認眞，並奮力追踵前賢腳步；第四句，是說他到處講經，弘揚佛法，道行流傳很廣；第五句是說他辦學校、孤兒院等救濟工作；第六句則總結他一生努力的成果，因爲受過他恩澤的人的確很多，甚至也可說，世界到處都有我們的學生與他的受惠者，這是很不容易的成就。

照片二四　攝於智光大師供贊前(侯坤宏攝)

又如智光大師的供讚是：「宗傳曹洞，教演清涼，爲育僧才創學堂；法雨灑香江，悲願難量，寶島沐恩光。」第二句的清涼即指華嚴宗的第四祖清涼國師，他有很多著作，在宗派上面也加上這個封號；第三句是指他擔任江蘇焦山住持，辦學堂與禪宗天寧、參

146

禪；第四句是指他曾遠赴香港講了兩年的經，講經等於是灑法水；第五句，是指老和尚有大悲心，大願心，希望大家都能成佛，度眾生，救濟苦難功德無量；最後到了臺灣寶島，劫後眾生也受了他許多的照顧提攜。

照片二五　攝於文心和尚供讚前(侯坤宏攝)

文心老和尚是智光長老的師兄，他的供讚：「宗參臨濟，教悟楞嚴，古剎重興北山禪；時窮節彌堅，德澤廣被，法脈賴綿延。」第二句「教悟楞嚴」，是指早年沒有佛學院，他在焦山一位大師座下聽《楞嚴經》開悟的；第三句，他住的是泰州北門外的北山寺，在他的前任，因管理不當，致敗落不堪，民國初年，他去整頓，將之重新復興，這句讚也表示他在北山寺當過

住持，開過禪堂，教導後人參禪；第四句「時窮節彌堅」，指他經歷了很大的苦難，共產黨到宏開寺，不讓他住在寺中，叫他住到豬房裡頭去，糟蹋、摧殘莫此為甚！但是在此情況下，他還是早晚念經，過他的出家清修生活，故稱「節彌堅」；第五句，意指他對子孫的栽培照顧仍是不放鬆的；在大陸的華嚴宗，全都賴他的法恩，維持宗派於不墜，故其功不可沒。

二 、 佛 事 與 超 度

中國佛教中，有一個傳統就是為信徒做佛事超度他的祖先。以前大陸時期寺廟擁有田產，可以自耕自食或靠收租維持；在臺灣則無，需靠信徒布施，或做佛事、超度，以獲得供養。在大陸時，寺廟多，一個縣有100多家，有的地方重疊，甚至政府必須為寺廟劃分界線，規定某幾個莊是屬於某寺廟的「教化區」。

供養是信徒隨喜，皈依的信徒，自己發心來供養，或是來做功德、求超度、求延壽、為家人消災等

都有。做佛事一般都是到信徒家，我們道場則不出去做功德，因為信徒很多，我們應接不暇；10多年前佛事是一家家做的，現在有時3、5家就要花一天時間。後來我覺得這工作太重了，疲於奔命，既要超度他們的祖先升佛國，又要替他們的家人消災祈福，責任很大，因此我不敢再做了，改在蓮社集體做。

剛好那時郝柏村當行政院長，要進行六年國建，需要財源。有人建議政府向寺廟徵收稅捐。政府未經縝密考慮，便接受他們的建議，要稅捐處向寺廟收稅。稅捐處的人就要我們依據「營利事業登記證」繳稅。我認為佛堂不是營利事業機構，所以沒有去拿營利事業登記證，因此也不能再做佛事。許多寺院怕沒有了生活來源，不敢停佛事，我卻把它停掉了。

這件事以後，我寫一封公開信給所有信徒，從那時起，不再作個人的法事，有需要者請至蓮社登記，我們會安排在早、晚功課時回向功德，替信徒做。我說早、晚功課這個功德也夠消災超度了，念經不在多少，誠心即可，也不收固定費用，隨喜供養，這樣訂下來就一直到現在。我是第一個這樣做的，之後就輕鬆了，不然一天有幾個人家要做佛事，會打亂寺院的

正常作息。又如果佛事做不好，也要背負因果，那可真不得了。

　　這件事還有一個插曲。某年多天，立委選舉，臺北市潘維剛委員的出生地同我一樣是江蘇泰縣，因同鄉關係來找我，一進門，她就說：「老法師！你們廟裡怎麼這麼冷清？沒佛事嗎？」我就把上述過程講給她聽。她聽後就跑去稅捐處，跟稅捐處長吵，稅捐處長經她一吵，也沒了主意，馬上來電話跟我打招呼，向我道歉。我倒是向他請教，對他說：政府要執行某一政策，是否應該先請大家開會商量？要知道我們寺廟並非營利機構，拿營利事業登記證並不合法，請他向上級反映，雖然是民主社會，做事還是要合情、合法、合理才好。他祇說：「是！是！對不起！對不起！」

　　蓮社地下樓的地藏殿，完工時就有了為信徒供奉祖先靈位的安排，有些信徒認為祖先過世，將牌位放此，常聽講經、佛號，會得到功德，所以願意送來。有些信徒會送香油錢，我們對此也有規定，因有些人並不信佛，不諳佛教規定，爭多講少都不好，因此後來就訂個標準。這跟其他寺院很不一樣的，全臺灣，

甚至全中國，不替人家做佛事應該是從我算起。況且《地藏經》有記載，和尚念只有一分功德，子孫來念有兩分功德，所謂「孝感動天」是也，所以信徒家屬也很高興一起來念。我們改成這樣，仍然有部分收入，因為他們會來供養，收入比以前出去做佛事時並不減少。

所謂做佛事就是一般說的趕經懺。最初臺灣的信徒做佛事，是依照日本人留下來的方式，大陸僧侶來了以後，臺灣同胞逐漸也跟我們學了。做佛事很簡單，《地藏經》上說，人死以後，有七七四十九天的時間，清理他一生的福業或是罪業，之後就要轉世輪迴。中國最早也只有人鬼二道，一直等到佛教傳入，才有了六道輪迴思想。輪迴出自《地藏經》，其他經上亦有記載，是相當合理的思想。據基督教信仰，人死之後，只有天堂、地獄兩道，不信教的下地獄，信教的升天堂。我去美國、大陸弘法時，跟大眾談這種說法，認為不通，信教上天堂固沒話說，但不信教，沒做壞事卻要下地獄，這很不合理。佛經所談有關六道輪迴的道理，是非常公平的，六道中好、壞各三條路，《地藏經》上講得很清楚。

說到此，我想起一個故事：清朝末年兩廣總督林則徐，是個佛教徒，上、下班坐在轎中，都念《金剛經》。他有個老部下，跟他好多年，有一年過世了，夜裡託夢給他太太，叫她去請林大人，為他念一卷《金剛經》。他說：「我這一生沒做過大壞事，也沒做什麼大好事，假使請林大人能為我念一卷《金剛經》，大概不會往生到惡道去。」他太太依言去請林大人替她亡夫念經。林大人應允，第2天早上就在書齋念《金剛經》，念到中途，書童送進一杯茶，林則徐要念經，無法回答，就擺了擺手，表示：「不要！」。當天夜裡，老部下又向太太托夢，說：「林大人這卷《金剛經》，念得很好，只不過中間多了『不要』兩字，就減低了念經的效用，還得請他再念一遍！」林則徐聞後，翌日就把門栓起，誠心地再念一遍。他部下又在夢中對太太說：「林大人這卷經念得好，我已仗其念經功德升天了，請你謝他一下。」所以念經要誠心，這個故事，我常對信徒講。林則徐的故事，應是可信的，這樣的事情不會是無由無故傳出的。

我對信徒說這個故事後，向他們說：以前你們靠

我們念經，以後你們自己也要念，家中有老人家過世，我們早、晚課時特別爲你們來念，就早、晚課功德迴向給他們就夠了。《地藏經》是很好的經，接引亡魂升至三善道或佛國、替他洗清生前罪業、引薦他皈依三寶、護持三寶、修福修慧、懺悔的方法都有了。尤其家人親自參加，還可有兩分功德，並不花錢，豈不更好。我這麼一宣傳後，效果很好，我們不要那麼辛苦，他們也不需花錢，請人到家裏去念經，家中人來客去，不安靜；若到佛堂來，早、晚課時間，沒有一人講閒話，也沒有人走動，大家一心念經，這才是眞功德。

助念這種制度，最主要是來自《地藏經》，自古即有此傳統。我們家鄉，不管再窮，家裏有人逝世，都要請和尚來念經，要是沒請，會招人說閒話：一個人過世了，怎麼家中連磚頭瓦片都沒響一聲！

三、大專學生獎學金及論文出版

1959（民國48）年正月16日，我從宜蘭被師公南

老人召回華嚴蓮社任監院。一開始就辦了兩件事：一是冬令救濟，二是大專學生獎學金及出版佛學論文專集。

我受玉成老和尚的啓發，一向重視青年學子的教育與培植。因此在我接任蓮社住持後，除繼續推行南公老人協助中國佛教會籌款新臺幣20萬元，成立國際文教大專獎學基金外，1964（民國53）年我又將智光大師生前積蓄新臺幣40餘萬元，悉數充作大專佛學獎學基金。蓮社信眾華夏塑膠公司董事長趙廷箴及朱懷芳兩位熱心居士，爲報答親恩，自1970（民國59）年起，每年捐資新臺幣10萬元（至1977年起提高至30萬元），委託我辦理慈孝大專學生獎學基金。義行影響，如風吹草偃，其他信眾亦紛紛效法，如黃淨益居士、高本釗居士、趙宣美貞居士等獎學金，1984（民國73）年又增加南亭和尚紀念獎學金、杜伯軍居士紀念獎學金，由於提供獎學金者甚多，受獎大專生多至100餘人。

獎學金之議，最早是周宣德老居士提起的，他想成立一個中國佛教會的獎學金。1950（民國39）年時，我師公接任中佛會的秘書長，佛教會便創立獎學

因果定法則

154

金制度，希望能提起大眾對佛教的注意及向心力。佛教界成立獎學金，是從大學開始，首先在臺大成立，臺大晨曦社是臺灣大專院校最早成立的佛學社團；之後師大、臺北工專也跟進。我記得到後來，全臺30幾所大專院校，都成立了獎學金和佛學社團的組織，甚至連教會學校，如輔仁大學、東吳大學等，也都有佛學社團的成立與發放佛教獎學金的活動。

我們成立獎學金，鼓勵大專學生學佛，由於全臺各大專院校裡紛紛組成佛學社團，臺灣成為佛法最興盛的一個省份，中國很少有這麼多的大專院校擁有佛學社團。為了讓青年學子能夠聽經聞法，有時我們還去講經。獎學金的發放，先由學生寫佛學論文，經評審，然後擇優錄取，有一定的名額，每年10至11月發放。

各校幾乎都有佛學社，其中以文化學院，後來的中國文化大學我跑的次數最多。文大創辦人張其昀先生，讓各種社團都可在校內發展，他們首先成立了佛教文化研究所，其後有曉雲法師以此經驗轉而在石碇開辦了華梵大學，佛光山之後也成立了一個佛光大學，這是佛教由進入大學，繼而再創辦佛教大學的一

段發展歷程。

那時我們有空中佈教、監獄佈教，居士們都非常積極；我也常隨兩位老和尚到處弘法。監獄弘法方面，太師公智光老和尚因為年老，比較少去，南公則長期在監獄講經。去的監獄主要是臺北監獄，在現在臺灣電力公司後面的金山南路與金華街那邊的大樓，現在臺北監獄已遷至龜山，原址已成為電信局的辦公處所。

周宣德老居士當初先找東初老法師談獎學金的事，但是東初老法師同周居士的想法不同，因此沒有談攏，轉而來找我師公南老人。師公同意以中佛會名義辦大專學生獎學金，於是一拍即合，並開始籌集經費，每年發放一次獎學金。

籌措獎學金的時間約在1959（民國48）年，蓮社成立以後。經費的來源，籌了新臺幣20萬元做基金，做為本金，以利息做為獎學金。至於20萬基金的來源，最初找了5個委員，南公、東初法師、心悟法師、立法委員邱漢平以及圓山臨濟寺一位年輕的法師等5人。

為增加獎學之效益，我於1986（民國75）年主持

重新修訂大專學生獎學金辦法，將獎學金數額由每名每學年新臺幣6,000元，提高為10,000元。同時增加研究生名額，碩士班每名15,000元，博士班20,000元。除提高獎學金額度外，也擴大名額，大專學生45名以上，研究生15名。在1980（民國69）年獎學金成立10周年時，精選佳作80餘篇，出版大專學生佛學論文集，以資紀念，翌年起每年出版一集，1982（民國71）年特別將獎助學生對象增加大眾傳播科系學生，期能以宗教力量，透過大眾傳播，而達到淨化媒體的功能。

前面提到的那位心悟法師，曾擔任中國佛教會的常務理事，他在獎學金金額上，也認了5萬元的責任，但後來他力不從心，無法達成，是我師公幫忙他出的。心悟與心然，是在焦山佛學院念書的，智光太老和尚曾在焦山辦學，故來臺後常有來往。心悟法師年紀約比我小幾歲，現仍在世。

四、社會救濟

照片二六　救濟花蓮歐菲莉颱風獲頒感謝狀

對於社會救濟工作，早在蓮社創社時，即常實施，如夏令義診、冬令救濟等工作。在平時，如遇颱風、地震、大水、大火等災難時，則進行臨時性的募捐救濟活動。

　　華嚴蓮社的救濟事業中，落實最爲徹底的是冬令救濟。我們剛來的時候，臺灣老百姓的生活水準很低，每到過年過冬，有好多人家需要救濟。主要是由政府賑濟，我們來支援，由於熱心社會服務，我也曾受聘做過臺北市政府救濟委員會的委員。

　　華嚴蓮社於1952（民國41）年成立，本來冬令救濟是與中國佛教會合作，1956（民國45）年我到宜蘭去了3年，1959（民國48）年回來以後，實際負責冬令

第九章

157

因緣成萬事

照片二七　捐贈臺北市救護車感謝狀

救濟工作。我認為我們信徒已經很多了，不需要再與人合作，就由我們自己來籌畫。當時我們籌集1、20萬元，好像不是問題，10個救濟分區中，我們負責兩個分區。

　　1984（民國73）年初，蓮社為更進一步落實社會救濟工作，成立了「華嚴福田功德會」。福田功德會工作內容，分急難救助、貧病救助及冬令救濟三項。急難救助是與臺北市政府社會局配合，凡遇災難發生，立即展開行動。貧病救助則與榮民總醫院、長庚醫院及省立臺北醫院等配合，遇有無力繳付醫藥費之病患，隨時予以適當之援助。冬令救濟則與臺北市政府及國民黨臺北市黨部配合，凡經市政府、市黨部調查，確需救助之貧戶，即予酌情請救濟。由於全體信

因果定法則

徒，都很認同此項慈善工作，所以我們做得很有成績，常常獲得各級政府單位的獎匾及獎狀。

五 、 辦 雜 誌

我來臺後推動辦的第一個雜誌是《人生》，最初是我鼓勵東初法師辦的；《覺世旬刊》則是我和張少齊老師創辦的，《覺世》雜誌後來由星雲法師接辦；與此同時，我還幫白聖老理事長編過幾期《中國佛教》月刊。此外，我曾在1962（民國51）年秋、冬之間，聯合演培、星雲、廣慈諸位法師創刊《今日佛教》雜誌，以弘揚正法、發展佛教文化。後來又自行創刊《萬行》雜誌。在我擔任藥用植物學會會長時，曾辦了一份《新中藥》雜誌。我的這些作為，都是遵循著玉成老和尚的遺願，以培養人才、弘揚佛法為主。

我前前後後辦了這麼許多雜誌，到底對弘揚佛法，利益眾生發揮了多大功效呢？或許不易有具體答案，但我最近看到兩本書都提到，受益於《覺世旬刊》。一本是臺南幫的靈魂人物《吳修齊先生訪問紀

錄》，這是中央研究院近代史研究所研究員謝國興所做的口述歷史，他提到1968年12月第一次與星雲法師見面，之前兩人素昧平生，吳先生乃從《覺世旬刊》中得悉星雲有慈心悲願。此次初次見面星雲談及有意創辦東方佛教學院，培育講經說法僧材，吳即贊助此義舉，而獨資捐建七賢堂，他所屬的臺南紡織公司又捐建海會堂，環球水泥公司捐建慧明堂，玉成其事。1973年再贊助佛光山興建朝山會館及捐建「太子龍亭」（見謝國興訪問，蔡淑娟、陳南之紀錄，《吳修齊先生訪問紀錄》（臺北：中研院近史所，1992年12月，頁182-183）。）

　　另一本書是施叔青著的《枯木開花－聖嚴法師傳》中提到聖嚴隨軍隊來臺，想退役而不可得，「那個時代，想從軍中退役，難上青天。」但最後如願以償靠的卻是：「軍隊裡將領的夫人，有好幾個都是他（聖嚴）的讀者，讀他在《覺世》旬刊發表的文章。」（見臺北：時報文化出版公司，2000年8月，頁78-79）如此因緣，竟使他得夫人們之助，勸請他們的丈夫批准退役。沒想到當今兩位大有成就的法師，都與我辦的雜誌有此不可思議的因緣。

　　以下再談談較近所辦的兩種刊物──《萬行》及《新中藥》，兩份雜誌的經過與心得。

　　華嚴蓮社出版的《萬行》雜誌，是在1985（民國74）年創刊。前（1984）年9月間，蓮社召開2屆3次董事會，由於多年來大家很希望有一份雜誌來幫助弘揚佛法，這次就順利通過，並推派我負責籌劃、進行。

　　自1982（民國71）年，我的師公南亭老人圓寂後，華嚴蓮社、智光商工的董事長改選，都由我來承擔。這時候我國內、外的會議也很多，就想辦一本雜誌來弘揚佛法，減少處處都要自己去現身說法的分身困境，而且此時經費、人力與稿源三大問題大致也因緣成熟，不太困難。

　　為什麼要將雜誌定名為《萬行》？原本我們是華嚴專宗，取名《華嚴》應該最好，但因這個名稱已經有人用了，只好另行考慮。於是就想到：修學華嚴，應以普賢萬行為準則，古德以「菩薩修萬行因華，以莊嚴一乘佛果」來詮釋華嚴宗趣，而這普賢萬行，實含攝無量法門，舉凡人倫、道德與大、小二乘一切功德，無不包括在內。所以用以《萬行》做為雜誌的刊名，不但符合佛法的要求，而且很切合時宜所需。

　　佛教主要修行的內容，第一要有智慧門，第二要有福德門，所謂「福慧雙修」，是成佛的要因。《萬行》是普賢菩薩指導善財童子修學佛法的內容。善財童子五十三參，剛好遇到了教主釋迦牟尼佛要文殊師利菩薩帶團到福城這個地方去講經，佛陀只是領導，那一次的講經，完全是文殊師利菩薩帶僧團去講。佛陀當時住的地方叫舍衛城，也是一個大城，他想到福城去傳佛教，就派文殊師利菩薩帶僧團至福城弘法，這是一個因源。

　　聽法的大眾中，有一青年，即善財童子，是《華嚴經》中一個主角，聽了文殊師利菩薩講了一座經後，聽眾皆散，只剩他一人還未離開。他請教文殊師利菩薩：佛經內容這樣豐富、理論這樣高深，如此妙好的法門，要用什麼方法來修成？文殊師利菩薩回答說：修學佛法，第一，要去參訪世間的善知識，以現在的話來說，善知識就是各行各業的專家、學者。他也替善財童子介紹了第一位應該去參訪的出家人吉祥雲比丘，看他怎樣修行？如何入門？善財童子在參訪了吉祥雲比丘後，吉祥雲比丘再介紹他繼續參訪第2位海雲比丘，他一路參訪下去，到第52位就是彌勒菩

薩。彌勒菩薩的道場是很大的樓房，以今日話說，是個佛法大樓，善財童子參訪的佛法，這裡面全有。彌勒菩薩領著善財童子參觀大樓的陳設、內容，善財童子表示，這些他都已參訪過，彌勒菩薩即說：「智慧門你已經圓滿了，下一門參訪福德門，關於如何行止，可回去再請問文殊師利菩薩。」

　　文殊師利菩薩具有的神通，他以天耳通聽到他們的談話後，就伸出長手，過了一百一十個城，到了彌勒菩薩與善財童子談話處，對善財說：「至今日止，你參訪智慧門已經圓滿，現在要繼續參訪福德門，就在佛陀左右，有位普賢菩薩，可去參訪，他是福德門的大聖智者。」《華嚴經》有「信、解、行、證」四大部，第四部份「證」，要證悟，譬如我們平日在學校只是讀書，還沒有實際經驗。說的只是理論，在事實上取得實證才最重要。

　　1985（民國74）年元月10日《萬行》雜誌創刊，初創時沒有編輯委員之類的組織，撰稿者多為佛學院的老師、同學與過去的學生（校友），由大家投稿，其中還包括些演講紀錄。創刊雜誌之初，以一張四開型式，經過11年，到了1996（民國85）年1月，才改

因果定法則

164

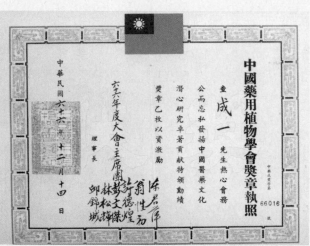

照片二八　榮獲中國藥用植物學會獎章

原型，書期皆為月刊，每月出刊一次。到2001（民國90）年因由紙報物刊，變式的，但為月刊，

版，本報紙刊物的轉本刊為

人手不足，而改爲雙月刊。無論如何有這麼一份刊物，對於加強佛學教育與傳播弘法工作具有一定的成效。

　　我在1960（民國49）年，當選中國佛教會監事，並於蓮社成立中醫義診所施診施藥，爲貧病市民服務。同年也在蓮社成立周六念佛會，領導僧信大眾念佛共修。1963（民國52）年我當選「中國醫史學會常務理事」，隨學兄李樹猷中醫師推動中國醫藥的發展。1971（民國60）年，我又當選「中國藥用植物學

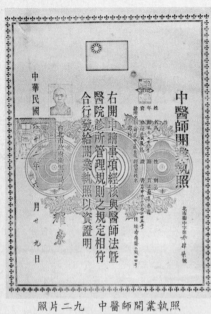

照片二九　中醫師開業執照

照片三〇　中醫師證書

會」理事。臺灣地處亞熱帶，雨水充霈，植物繁茂，多能作藥用者，因與中醫藥界同好，組織此會，研究發展中國醫藥。１９７２（民國６１）年，當選中國藥用植物學會理事長。

按中國藥用植物學會原為李樹猷學長所倡立，成立之後，他就應美國華僑中醫界聘往加州發展中醫藥，無法兼顧，乃於成立之次年，推選我當理事長。我接任後，大力推動，並連任５屆。

我在擔任中

因緣成萬事

165

國藥用植物學會理事長後，就著手發行《新中藥》季刊，自任發行人，並常撰文號召中醫藥界，力求革新。在發刊詞中，我特別指出：中藥是一門濟世活人的學問，是歷代先賢努力的結晶。面對新時代的需要，對於藥書中有關度量衡的改正、藥物名稱的統一、新藥的增入、化驗藥物的有效成份，以及藥物炮製方法的改進等等，都要加強研究。

　　中國藥用植物學會在臺北、高雄等地，都成立了分會，支會也有好幾個，臺南、北縣、臺中也有支會。《新中藥》季刊也由我主編，還有個秘書協助，是個理事兼幫忙編務，社長與主編都是我。那時瑣事多，像高雄、臺中成立分會，成員多是草藥商，眞正有醫生

照片三一　行醫三十年榮獲臺北市政府獎狀

牌照的沒幾個，只有我及桃園另一位會員有。

六 、 華 嚴 蓮 社 的 出 版 品

　　華嚴蓮社的出版事業，起自1968（民國57）年成立的印經會，印行基本的佛學，介紹信眾學佛，多年以來，出版不下數10萬冊。不久又印贈佛教經典與論著，至今也有200種以上。最初大部分是屬於普遍流傳、較容易懂的弘法書籍。現在這些書似乎已經有點落伍，但我們剛出版時，都還是最新的。

　　時代在進步，我們也會跟隨時代腳步進步，以前我們剛抵臺灣的時候，所謂的太空科學才剛萌芽，現在則很發達；現在的電腦科技很發達，而且進步非常快，一部《大藏經》可容納在一片光碟中，再過50年，更不知要發展到什麼地步了。這在50年前，是難以相信的，大概會被認為是神話吧！50年前要想印部書，談何容易？現在已經不成問題了。

　　1995（民國84）年8月，華嚴專宗學院暨研究所師生20餘人，假學院五樓會議室舉行20週年院慶籌備

因果定法則

會議，我就計劃屆時可以擴大舉行慶典。爲了慶祝學院20年慶，特別提出成立「華嚴編藏會」，以推動華嚴經論著述整編工作，當時即獲與會師生熱烈鼓掌通過。並決定延聘本院研究生充任編委，即日起展開工作，敦聘李志夫、高明道、許洋主、陳一標等老師爲審委，我自兼總編審，賢度法師任副編審，並經決定先從《華嚴疏鈔》做起。

這部《華嚴經疏鈔》，就是10年來的工作成果。

照片三二　華嚴疏鈔成立會

因爲華嚴宗本身經典很多，三藏（經、律、論）十二部
教典，每個大部門都包含許多傳記、理論等資料，要
研究非常不容易。這部《華嚴經疏鈔》，是華嚴宗祖
師清涼國師所撰，先寫疏20卷，以信、解、行、證四
分揭其綱，五周因果提其要，以釋經文。再寫鈔40
卷，以鈔解疏義，細入毫芒，分毫無紊。本著述曾流
到海外，經數千餘年，後來回傳中國時，已經不完全
了。抗戰期間，上海一些居士以徐蔚如居士爲首，蔣
維喬、李圓淨、黃妙悟等附之，在局面安靜下來以
後，成立一個《華嚴經疏鈔》的編纂委員會，請應慈
老和尚主導編修。本來《華嚴經》的疏、鈔是分開
的，經過黃妙月、劉大照等幾位大居士，花了幾年的
時間，將其合爲一，成爲今本《華嚴經疏鈔會本》。
因爲經裡的資料太複雜，還需細分、配合，所謂盡美
矣，未盡善也。師公南亭老人，曾慨嘆《華嚴經疏鈔
會本》難讀。一直到我當住持，乃興重修之念，後來
繼任的賢度法師，她認爲疏鈔有整理的必要，我也有
同感；以前師公南亭老和尚講經時要查資料，亦曾苦
於疏鈔頭緒難找，是以我們將其接續完成。

　　我們請華嚴專宗佛學院研究所的兩位教授，其中

一位是德國人，中文名字叫高明道，他在1952（民國41）年來臺，大學時曾實習護士（因德國女子少），等實習完後就不念大學了，不知從何處得到我的地址，和我通信，要跟我出家；來臺後我叫他去學語文，他到了師範大學補習華文，不到一年就可讀寫中文。我希望他完成大學學業，中文程度好了以後再來出家，當時我在文化大學開課，便介紹他過去。他大學畢業後認識了個女朋友，鼓勵他再念研究所。碩士課程念完後，再攻讀師大的博士學位，因爲他國文修得不錯，也來到華嚴蓮社代課，幫我講《華嚴經》。

《華嚴經疏鈔》的整理，是上述德國籍高明道與許洋主兩位教授領導。許教授爲臺南人，國立臺灣大學歷史系、研究所畢業，熱衷翻譯佛書，也是本院聘請來上課的教授。

照片三三　（德籍）高明道老師（侯坤宏攝）

之外我再請研究所第三屆同學中成績較優者心觀、修德、自莊、體成、慧學、體信等，留下來幫忙，擔任整編委員。這部書總共完成20冊，現已完成出版。這次出得非常詳細，編得清清楚楚，花了賢度法師近10年的功夫，這是非常大的工程。

我們的出版事業，除雜誌外，還有藏經，我師公南老人的全集，將來等《華嚴經疏鈔》出版結束後，再來整理，也是委由高明道教授主編。老實說他是外國人，中國一些不常見的典籍，可能還有些不清楚，所以還需重對一下，經兩年餘的集體審閱，並加新式標點符號，分章分段，搜查引文出處，編制索引、目錄等工作，務求詳實。

《華嚴經疏鈔》這個新版本，與抗戰期間上海的版本有很多不同。有些很冷門的資料他們當時沒法找，參考書沒那麼多，老實講現在臺灣佛經資料倒是齊全了，可見華嚴蓮社新出版的《華嚴經疏鈔》，是很有參考價值的一部書。

因緣成萬事

桃園僑愛佛教講堂

一 、 成 立 因 緣

1962（民國51）年，我應桃園大溪眷村信眾之要求，在那裡創立了「僑愛佛教講堂」，讓村中軍眷有地方可以研修佛法。

1959（民國48）年興辦冬令救濟，當時發動信眾熱烈支持與勸募，結果不僅把臺北市政府開列給我們的救濟名單發放完畢，而且還剩下1,700多元，這在當時收入微薄的時代已不算小數目。有一位在國防部的王鳳德上校很熱心，幫我做救濟工作，事後他建議我把這剩下的錢拿到桃園僑愛新村結緣，發放給村中生活較清苦的遺眷，也算是雪中送炭。我深表同意，並湊成2,000元送去。

我們去發救濟金的時候，有位李振翊老居士，是山東人，過去曾在大陸當過幾任縣長、軍法處長，篤信佛教；另外還有幾位是上海人，其中有位潘元愷居士當過警察局長，他們協助調查發放。村民多數都是遺眷，家主人作戰犧牲，他們大多數信佛。沒想到我

174

們這次發放之後，就有了今天的僑愛佛教講堂道場。

　　桃園僑愛佛教講堂是這次發放冬令救濟的因緣，大家請求成立的。原來這個眷村是蔣夫人向檀香山等地的華僑募捐而建成的，故名「僑愛新村」。因蔣夫人信仰基督教，村頭一個基督教會，村尾一個基督教堂，村後面也有一個天主教堂，就是沒有佛堂。村民早有成立佛堂之意，苦於無錢，這次發放冬令救濟後，承李老居士等之請，留我們在村子裏吃中飯，席間一位泰安居士談到：「僑愛新村6、7百戶人家，有兩家基督教會，一家天主教堂，就是沒有佛教道場；但是村民百分之八十都是信仰佛教的。」老居士請大家發心，一起來設法結緣，我答應一起努力來設立道場。李老居士他很努力，湊了5萬多元，臺北蓮社這邊也湊了10多萬元，合計大約16萬元，成為桃園僑愛佛教講堂成立最初的經費。買地方面因緣殊勝，得到桃園縣大溪鎮長陳義樹介紹，向大同公司買進村子右側靠馬路邊的一片地，約有613坪的原工業用地。大同公司林挺生老闆的母親為正信佛教徒，因為他們有心護持佛教，我們就如願以償，又經前金門防衛司令官胡璉將軍夫人曾廣瑜居士的介紹，由裕國公司設

計承建，總造價爲新臺幣165,000元。胡上將身經百戰，尤其以古寧頭大捷和八二三砲戰，威名遠震，夫人則熱心護持佛教。而裕國公司老闆也只拿工程費和稅金，不多取一文錢，讓我至今感謝他們。

經一年多的興建裝修，到1964（民國53）年4月，講堂正式落成，典

照片三四　僑愛講堂觀音大士聖像（侯坤宏攝）

禮時請到桃園縣長陳長壽來爲佛堂剪綵，南亭師公爲佛像開光。落成後即按照計畫每周末舉行念佛共修，由殊度、普度二人領導，我也經常趕往主持開示，因此很快由80人共修，而增加到一、兩百人。

　　僑愛佛教講堂成立後，我就臺北、桃園兩邊跑。那時年紀輕，體力還能夠負荷。講堂道場蓋好後，成立每週六的念佛會，下午3點就開始。我從不缺席，我嘗戲言：我幾年下來的通勤，車資就可以蓋一棟房子了！

　　1963、1964（民國52、53）年，我連續在僑愛佛教講堂主講過《妙慧童女經》，其後又講《無量壽經》、《觀無量壽經》及《阿彌陀經》等淨土三經。讓信佛大眾認識大乘經典，能夠由信而解，由解而行而證，脫離一般有信無解、行、證的缺點，以達到弘法佈教的實效。

　　1985（民國74）年，為方便當地信眾，特於大溪僑愛佛教講堂，設立華嚴專宗學院先修班，邀第1、2屆畢業同學多人前往任教。

二　、　華　嚴　供　會

　　太師公智光老人家對於僑愛講堂的成立，也很高興、很支持。他在1960、61（民國49、50）年發心，

每年農曆正月初9，即俗稱「拜天公」，號召成立一「華嚴供會」，供養三寶及護法諸天。由於儀式很莊嚴，信徒都喜歡來參加。

　　佛教所講的天，不祇是一般人所信奉的玉皇大帝，是一切諸天，也就是三界二十八重天。「天」當中，很多都是護法神，也有修行菩薩道者，他們也可以成佛，但不願立即直接成佛，而到天上去當天人，度化天眾。因天人享福的多，受苦的少，要度他們並不容易。所以佛教的拜天、拜菩薩，是有作用的，是要勸化天人也來學佛修行的，所以齋天並不是迷信。

　　我們規定，在齋天這一天所得香金，除吃飯、香燭等必要開銷外，餘款都拿來做獎學金。因此我們僑愛佛教講堂也培養不少的大學生，眷村子弟因為獎學金資助鼓勵，都能順利完成學業，得到學位。臺北的信徒也有得到，不過不多，大部分都用在僑愛佛教講堂。

　　僑愛講堂原來使用的房子很小，是個5隔間的平房，有20多坪的廚房、餐廳，兩側各建出來3小間，分別是客房及儲藏室。為什麼這樣蓋法呢？當初我心想：將來蓮社有人當家，我可以到那兒去掩關、用

因
果
定
法
則

功，那邊比較清靜，這是我最初的想法。

　　但是後來我很少到那裡去住，1959（民國48）年師公就把蓮社交給我，從宜蘭回來當家，事情比較多，信徒多，活動也多，常舉辦講經會、大法會等活動。桃園就變成附帶了，當然我對那裡還是很關心的。

三、僑愛佛教講堂的擴建

　　僑愛佛教講堂是1964（民國53）年3月落成，自該年起，每週六我都趕過去主持念佛，初一、十五也去領導信眾念佛、共修。我有時間，就去那裡主持上供，沒有時間的話，就由他們自己做。這樣維持到1979（民國68）年夏，我師公南老人80大壽，信徒要為他老人家祝壽，他不肯。但畢竟是80大壽，老人家弘法這許多年，也該為他慶祝。那年適逢美國與中共建交，社會人心不安，我藉此機會，向師公建議：僑愛佛教講堂，就那麼個房子，眼看不夠用了，不妨利用周圍空地作功德，成立兒童村，教養苦難人家的小

孩，我也不提作壽之事，意思是就將這個功德為他老
人家祝壽，蒙師公很慈悲的同意了。

　　我的設計是在原有的佛殿左右及後座蓋個三合院
的樓房，作為兒童村住所及辦公室，把原有的佛殿圍
在中間，這麼一來，把原有的佛殿留中間，顯得太
矮、太小，不適用了，非重蓋一新佛殿不可，幾經設
計，結果把地下室加建一層，作納骨堂。因為信徒有

照片三五　與僑愛講堂住眾合影

因果定法則

180

此需要，我們爲大家解決喪葬問題，提供廉價骨灰寄放處；我們也可以增加一點收入。這樣一來，大殿在中間，很雄偉，這次擴建工程在1981（民國70）年落成，總建坪爲500左右。落成那天我們給老人家作80大壽，他很高興地去參加了。房子蓋好以後，才有點收入，一方面替老人家祝壽，同時也滿了信徒大家的心願；另一方面同時舉行講堂重建落成佛像開光、佛殿啓用典禮，和僑愛兒童村揭幕，並利用這機會，讓大家熱鬧團聚一下。

現在那裡的情況也很好。住持人選是這樣安排的，最初幾年是由我的學生去擔任，後來慢慢有了制度，人也逐漸多了，現在出家人常住那裏的也有7、8位，每週日有共修會。現在有住持，也有當家，也依照臺北蓮社的規矩，住持3年1任，可以連任1次，現在已歷兩任住持，上任住持連任1次，現任也是第2任，都是我們佛學院畢業的研究生。住持的條件是要會講經，能負起弘法責任，他們都按照我的規矩來做，這很好。僑愛講堂現在救濟事業做得很出色，曾資助過50多所小學，尤其桃園山區的小學，經費多不足，僑愛佛教講堂成立獎學金，也辦多令救濟、慈善

救濟，他們做得有聲有色。

　　弘揚佛法方面，我們從1984年起，在僑愛講堂成立了「華嚴專宗佛學院的預修班」，招收國中畢業程度的學佛青少年，予以3年的進修，然後升入大學部，這是為滿足一些失學青少年求知慾而開設的方便門，結果也度了不少有志青少年深入法海，遂其入道之心願。現在叫做「推廣部」，先修班結業後，再轉到到臺北蓮社的專宗學院就讀。我們現在只收高級部，想培養弘法人才，初級部的暫時不收了。

　　在10年前，我認為：參加僑愛佛教講堂的信徒，如果沒有聽過佛學課，要讓他們有機會來聽課。本來我們是早上9點鐘做法會，如今提早兩個小時，為他們上課，所以稱做推展部，讓信眾能對佛學有更深一層的認識。我想進了佛門，就要修佛法，學佛法、融通道理，這才能有真正的收穫。否則，光是敲敲木魚、念念經，沒有什麼意思。我這樣宣布以後，大家都很高興，9點鐘的法會，大家7點就來，我請大家吃頓早餐，再對他們講點佛法，這樣連續推行4年多了。我們將來要能成佛，脫離生死，這才是最重要的，所以現在就要加強對佛法的深入了解。

182

　　成立推展部也是為了適合鄉下地方信眾的需求，他們不一定要在佛法上得到多大的成就，起碼也要把基本的佛法弄清楚。一般人把拜佛，與拜關公、媽祖一樣看待，那是不對的。我們最起碼要讓信眾了解：拜佛做什麼？拜關公是什麼作用？要把這些都弄清楚了，才能了解親近佛堂的真正意義。

　　信仰佛教，信了以後要能了解，依照佛法的道理去做，最後則是實證，這叫「信解行證」四階段。佛跟我們一樣也要去證明的，他能夠對萬事萬物都清楚，才成佛的，我們既有機會學佛，就要把佛所說的道理弄清楚，做好成佛的準備功夫，才不辜負這一生，不辜負這番辛苦。

四、兒童村收容孤兒

　　桃園僑愛佛教講堂附設僑愛兒童村，籌創自1979（民國68）年，主要是為了收容孤兒。1981（民國70）年6月，新建之「華嚴僑愛兒童村」正式落成，共計8間兒童室，兩間嬰兒室，加上圖書閱覽室、醫

藥保健室、康樂室與儲藏室等，粗具規模，可以開始
爲境內孤兒服務。

照片三六　華嚴僑愛兒童村（侯坤宏攝）

照片三七　僑愛兒童村慶生會

我們稱爲
「兒童村」，不
叫「孤兒院」。
僑愛兒童村人數
最多的時候有
30多位。收容
對象，主要是家
庭經濟困難、或
是孤兒、棄兒
等。他們到兒童
村後，就受到保
姆的愛護與照
顧，到了上學年
齡，就送他們入
學，爲使他們得
到更多的溫暖，
我們每月定期舉
辦慶生會，或郊

遊、旅行等活動，使大家和樂相處，猶如身在大家庭中。例如有個女孩，叫做成雨生，本沒姓氏，出生後她母親將她用棉被包裹起來，裝在水果箱，就送到佛堂來，也沒有留姓名，這是1981（民國70）年的事情。有天我們起來做早課，發現門前走廊上放著一個水果箱，送來的人也沒交代就走了，執事人員也沒去管它，一直到下午，吃過飯後，有人經過走廊，從水果箱中發出小孩哭叫聲，打開來一看原來是個小姑娘！

這小姑娘生來是殘廢，她的左手、腳都彎曲，無法伸直。既然發現她，我們就撫養她，送到醫院去，問醫生能否醫治，使她手腳恢復功能？醫生表示沒有辦法。結果奇蹟出現，到了她要學走路的時候，手腳會動了，她自己也不斷地去嘗試，在床上、地上爬來爬去。到了入學年齡，她照樣去上學、活動，成績不錯，往往都在前5名。前年獲得總統獎，現在已經高中畢業，考進大學了，這是收養孩子中較特別的一位。她喜歡打籃球，游泳，很出風頭！

現在僑愛講堂還有收容孤兒，目前有10多個，有念大學、國中的。10年前有兩戶家暴子女，各有6個

小孩，被送到桃園縣政府，縣府無法安置，就送來我
們這裡，當中年紀最大的只是小學畢業，現在已經有
人要念大學了，他們留在那裡，一切都很好。兩位媽
媽也都能幫忙講堂，其中一位當會計，另一位可以開
車，都很有福報。我們負擔他們孩子的學費，並照顧
他們生活。

因緣成萬事

智光商工職校

一、爲感念智光大師創辦商工職校

　　1964（民國53）年，我協助師公南亭老人，創辦「私立智光高級商工職業學校」於永和市。創辦這個學校是爲了紀念臺北華嚴蓮社開山，也是到臺灣來的第一代祖師：智光大師。大師在民國初年，與太虛大師同學，曾就讀南京「祇洹精舍」，祇洹精舍是楊仁山居士創辦的，僧俗兼收，後來改爲金陵刻經處。

照片三八　智光大師舍利準備進塔

　　太虛大師算是新潮派，畢業以後，出來要求將有名的金山寺改做僧學堂，結果金山寺內住有幾百名和尚，在住持號召

下，竟出來毆打他們，是為有名的「大鬧金山寺」。智光大師和我是同鄉，也是江蘇泰州人，而且和我還有點親戚關係，我母親姓孫，他俗家也姓孫，等於是我的外舅公。

智光和尚在江蘇僧師範學堂畢業後，被泰州諸山請回，辦「儒釋初高等小學」，學生有50餘人。但這學校也沒辦很久（祇3學期），因為起初大家出錢，後來大家的熱忱也難維持，便少有經費支撐，大約辦了不到兩年就停了。後來他就讀上海的華嚴大學。畢業之後，他想：佛教制度一時之間要改變很不容易，必須要半新半舊，一半適應潮流，一半維護傳統，在此情形下，他到常州天寧寺去打坐學禪，大約經過3年，就被鎮江焦山德竣老和尚請去定慧寺當家。

智光法師應焦山之請而去，他也在那裡辦學，江蘇第一個佛學院，就是他辦的焦山佛學院。同時他辦《中流》雜誌，因焦山是長江中的一島而取此名，隱含做為佛教界與世俗社會的中流砥柱之意。後來他轉至香港講了兩年經，因他有個焦山佛學院畢業的徒弟，即應我的師叔公靄亭和尚之邀而前往。

靄亭法師因為與香港有一些關係，南京棲霞山一

照片三九　智光大師舍利入塔

位老和尚到香港去開道場，就請了靄亭師叔公到香港
去做法事、講經。靄亭師叔公此去香港，也將香港的
佛教革新起來。香港佛教也和早期臺灣一樣，是神佛
不分的佛教，不知道佛教是什麼？神佛有何區別？老
和尚在香港講經，也辦了一個佛學院。

　　抗戰勝利以後，繼之國共內戰。我為避難，在
1948（民國37）年抵臺，在即將「改朝換代」之際，

將智光太師公、南亭師公兩位老和尚，請到臺灣來。

　　辦學校是1965（民國54）年的事。原先因我是念醫學的，想辦醫院，其他人則認為醫院有人辦，還是辦學校比較好。最早提出辦學校之議的，是星雲法師。他有在家徒弟陳秀平、沈佛生、程世俊等，集合10多人，想辦學校，在臺北縣永和市中正路購得一片土地。最初他們想辦「太虛中學」，當時政府希望多辦職業學校，結果當中有人表示異議，認為不當用「太虛」的名字，要另外找個值得大眾永久懷念的老和尚。後來他們就來找上我們，說是用智光大師的名字，此時智光老和尚已在1963（民國52）年圓寂，況且智老也是一位很有修行、很有聲望的老和尚，在臺灣也有相當多的學生與信徒。尤其他有孫立人將軍夫人張清揚女居士，許多政府官員、眷屬（有好幾位部長的眷屬在內）要拜佛，都由她介紹到我們這裡來。

二、智光商工的成立

　　在大家決定用「智光」太師公的法名辦學後，由

於師公南老人是主要的創辦人，我當然要極力促成。
於是將位在永和市中正路那一塊5千多坪的地，轉買
下來，後來又獲得海內外佛教緇素大力支持，陸陸續
續買了附近的幾棟房子，才有今日的規模。

　　1964（民國53）年開始積極籌備，先成立董事
會，星雲法師是本校的發起人之一，其他的發起人，
一位是星雲的弟子陳秀平，及善導寺的當家悟一法

照片四〇　智光商職興建工程動土儀式

師，加上我的師公南老人，共4人。1965（民國54）年
6月10日，成立董事會，選出南亭、悟一、星雲、莫
淡雲、葛建時、陳進娣、劉啓瑞、許夢枝、吳長華、
吳福祥、白雲、成一、妙然、達道、陳寶鳳等15人爲
董事，並公推南亭師公爲第一屆董事長，聘請國大代
表葛建時爲首任校長。同年8月，奉准立案，正式校
名爲「臺灣省臺北縣私立智光商業職業學校」，隨即
展開正式招生，最初學生很少，只有200多位，高、
初級各兩班。第2年就有600多位，等第一屆畢業
後，校譽就宣傳出去了，到了第3年後，學生慢慢多
起來。我們在1966（民國55）年將其完成財團法人登
記，成爲公共教育機構。

一開始成立，經費不多，地買下後，開學頭2年都賠錢。我們利用作水陸大法會，借善導寺的場地，連辦了3

照片四一　智光商工職校第四屆董事聘書

年。那時香港的明常老和尚也很支持，帶著信徒，出錢又出力；我們政府一些首長夫人與商界人士也都支持，孫立人將軍夫人張清揚女士在當中襄助甚多。此外，省主席周至柔的夫人，還有民營企業，如經營肥皂公司的企業家也幫助很大。

華嚴蓮社對創建智光商工投注人力、物力最多，但資金仍感不足。因為要大量建設，就只好於1967至1969年間，每年舉辦水陸大法會，這是悟一法師的貢獻。當時也設立了一個建校基金委員會，仍以華嚴蓮社的信徒貢獻的最多。那時，許多將軍夫人、首長太太，都是蓮社的信徒。星雲法師雖是發起人之一，但是他只出了3萬元，當時第一次發起人集會，決議每人拿出5萬元，作開辦費。結果星雲法師因為要創佛光山，要將5萬元拿回去，當中有人表示：身為創辦人之一，怎能一個錢都不出？最後勉強出了3萬，拿回去兩萬元；之後他再也沒出過錢，他要創佛光山，實在無法支援。

華嚴蓮社憑著南公老人聲望，海內外募款，都有相當的成績；尤其那4次水陸法會，每次也都募到5、60萬元，在那時已算是一筆鉅款。大概兩屆後，學生

多起來，就能自給自足了。在個人方面，南亭師公貢獻最多，悟一其次，我也出了10萬元。

學校首任董事長南公老人，從籌設之初，就確定以大乘佛法入世的精神，興辦社會教育，服務社會大眾為宗旨。既名為智光，當然需秉承智光大師一生興辦佛教教育與晚年極力獎掖青少年就學之遺志而辦學設校。1966（民國55）年度又開辦4年制高商夜間部，1969年增設工科，最初只開辦電子設備修護科，此後學校始更名為高級商工職業學校。同時為了弘揚佛陀慈悲濟世的精神，特於行政組織下加設德育部，以推行道德教育，解決學生疑難，敦進德行，濟助貧苦，輔助訓導之不足；且因政府實行九年義務教育，乃遵照規定結束初級部。

學校在成立後，就逐步成長，但也曾經在學生1千多人的時

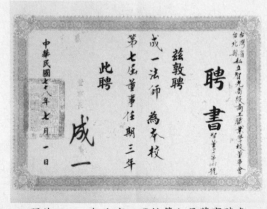

照片四二　智光商工職校第七屆董事聘書

照片四三　智光商工校門（侯坤宏攝）

候，停頓了一下。1972年請到妙然法師擔任學校副
校長，他當時是善導寺的監院，對學校幫了很多忙。
他每日早上8點前一定到校，晚上9點鐘以後才離開，
全心投入，非常認真。大門樓房重建、設備翻新，都
是他做起來的，他對學校貢獻很大。1986年以後，
又大量增設學科，由原本的機工、電子與商科，擴充
了資訊處理、控制、美工、餐飲、電腦等8科。學生
人數由3,000餘人，增加到將近7,000餘人，在全國

私立學校中，排名數一數二。妙然法師腦筋很好，他用全副精神投注在辦學上，1992年智光商工董事會改選，他被推舉爲副董事長，至1997年6月3日圓寂爲止，前後獻身學校32年（1965年6月任董事起），無我無私的付出，圓寂後把一生積蓄全部捐置獎學金，用來獎助師生，且將個人收藏，捐助成立文史館，學校爲追念他的功德，將電腦教學大樓命名爲「妙然法師紀念大樓」。此又與當年妙然副董事長高瞻遠矚，於董事會中建議：在資訊時代來臨時，辦學應有長遠規劃，要特別加重電腦課程，我才勉力斥資500多萬元，向德州儀器公司購得TI990迷你電腦設備，開創所有公私立學校先河，爲電腦教育奠定良好根基，因而本校曾兩度獲得教育部電腦辦學績優學校獎勵。目前學校有資訊教室12間，600部電腦，上課時學生可一人一機，極其方便。

　　1982（民國71）年，南公圓寂後，我接任董事長。接任之後，我本也想將董事長之職交善導寺的妙然法師來擔任，但他謙讓未接受，所以還是由我擔任。還好現在也沒什麼事，就是開學、結業式，或是有較大的典禮活動，譬如像校慶，我才前往主持。現

在每屆畢業生中，都有人皈依三寶，由我主持儀式，去（2004）年人數最多，有550多人，因為學校佛堂容不下這麼多人，於是分兩批舉行。這些學生當中，有自願皈依佛教的，也有師長鼓勵而皈依的。最近教育部行文學校，要我們重視學生的生活教育。我以為：學生在讀書之外，也要了知人生的生命走向問題。佛教講六道輪迴可以說明人生不同的走向，其中

照片四四　在智光商職為學生舉辦皈依

有三條好路、三條壞路；另外還有聖人的四條路，即大乘與小乘的路。其中聲聞、緣覺是小乘南傳佛教的路，佛、菩薩是我們北傳大乘佛教的路。

三、憶妙然法師與展望智光商工

妙然法師俗姓孫，名春潤，10歲出家，字悟玄，

照片四五　與妙然法師參觀智光商職畢業美展

號妙然，是我的表弟，我們家鄉受玉成老和尚的影響，子弟多有出家的。他對智光商工最大的貢獻是，他全副精神放在學校，等於學校有一個當家、一個重心了。最初他擔任學校的副校長，當時校長，即創校時的工專退休教授，身體比較不好，幾乎不能到校，學校失去重心。妙然法師到校後，一肩挑起重擔，用滿腔的熱血，一直奉獻到圓寂。悟一法師對學校也很費心，可惜他前（2003）年在美國過世。悟一法師在美國、香港都有很多信徒，最初好像是香港東蓮覺苑，後來擔任香港鹿野苑的四當家，鹿野苑是男眾道場。他在1953（民國42）年抵臺灣，先是住新竹福嚴精舍，追隨印順導師，後來才到善導寺。

　　妙然法師雖然早年即患有喉頭腫瘤，但並不感到痛苦，及至1996（民國85）年忽然因喉頭癌發作，入臺北榮民總醫院割治，經一年多觀察療養，復建如常。不意於次（1997）年6月3日安然示寂，住世76，僧臘66，戒臘57，法臘33。6月28日四眾弟子為他假善導寺大殿，舉行讚頌奉安大典。由於妙然是我俗家親表弟，加上他又是智光商工的副董事長，對發展校務貢獻良多，因此我對他的逝世，倍極傷感！所以他

的讚頌、奉安大典，我都全程參與，並代表智校、蓮社及華嚴專宗學院等單位，主持了公祭，直到上山奉安後，方始離去。

智光商工的佛堂就設在辦公室的頂樓。校舍建為方形，佛堂位在北棟四樓，主要的辦公室，如教務處、董事會都設在那裡。

智光商工校地因四周蓋滿商場住宅，校地發展受限，但校舍現在還夠用。國家現在的教育政策走向，似乎是要取消職校，要辦大專學校或是雙語的中學，故我們也在考慮，將來是不是要改制成大專院校。我們現在也有計畫要來推動升格，如果政府繼續實行這個政策，我們就非得要動不可。現在交通方便，我們也計畫在臺北近郊另買一塊土地來建立新校區。我之前還和智光校長談到，幾年後，或許物價會有很大的波動，我們存了一點經費，不能任其隨幣值而貶低，要提早作應變。

智光的招生狀況不錯，它和附近幾所學校聯絡得挺好，假如學生升學不選擇念大學，多半會來智光。我們還是希望國家的教育制度，不要有太大的變化，智光商工可以穩定的發展。

出席世界佛教徒友誼會

因緣成萬事

在1965（民國54）年至1989（民國78）年間，我曾先後參加多次國際性的會議及出國參訪、弘法等活動，舉其要者簡述如下：

一、1965（民國54）年，與善導寺當家妙然法師組團赴香港弘法，受到香港佛教會、香港佛教僧伽會及當地諸山法師與信眾的熱烈歡迎，並應邀在香港大會堂演講「念佛成佛的原理」，頗受香港佛教界好評。

二、1968（民國57）年，應中國佛教會徵召，隨團出席在越南西貢市召開的「世界佛教僧伽服務社會大會」。

三、1970（民國59）年，應中國佛教會之聘出任「中國佛教會東南亞訪問團副團長（團長為白聖理事長）」，率團訪問越南、泰國、新加坡、馬來西亞、香港等地，期間我隨緣到處應機說法。

四、1973（民國62）年，應中佛會徵召，帶團出席在漢城召開之「世界佛教青年會」。在會中發表演說，普受各國代表肯定。

五、1980（民國69）年，出席在日本京都龍谷大學召開之「第三屆世界佛教學術會議」，代表中國佛

教會在大會開幕式上，致祝賀詞。

　　六、1981（民國70）年，出席在韓國召開之「第四屆世界佛教學術會議」，發表論文，題目是〈宗密大師的禪教合一說〉，闡釋其勝義，頗獲好評。

　　七、1986（民國75）年11月，應中國佛教會徵召組團出席在尼泊爾召開的世界佛教徒友誼會第十五屆大會，會中巧遇大陸中國佛教協會會長趙樸初居士，請他協助修復我故鄉泰州光孝寺，承他答應決定盡心，光孝寺得以順利修復，得他資助很多。

　　八、1986（民國75）年11月，出席在日本佛教大學召開的國際佛教學術會議，發表論文，題為〈社會倫理與佛教〉。

　　九、1987（民國76）年8月，出席在美國聖地牙哥大學，召開的國際中國哲學會議，發表〈佛教的過去、現在與未來〉一文。

　　十、1989（民國78）年7月，出席在美國夏威夷大學召開的國際中國哲學會議，發表論文，講題為〈華嚴思想教判的殊勝價值〉。

　　以上10次出國參訪行程中，以1986（民國75）年11月，出席在尼泊爾召開的世界佛教徒友誼會第15

因果定法則

屆大會，會中巧遇大陸中國佛教協會會長趙樸初居士的歷程，最值得一述，謹將此次行程略加敘述如下：

一、世界佛教徒友誼會

1986（民國75）年11月，我有個機會參加世界佛教徒友誼會年會，當時我是中國佛教會常務理事。世界佛教徒友誼會第15屆大會在尼泊爾召開，在此之前於1984（民國73）年在菲律賓開會，中共已獲准入會。到了本屆，中共補貼尼泊爾政府五分之三的經費，當時中共與臺灣仍為對立狀態。那次我以中華民國代表之名義去開會，主辦國要我們仿照奧會模式，改名「中華臺北」，好在泰國籍的總會長支持我們。行前外交部曾跟我們討論過，如何對付中共為難等問題。

這次會議臺灣有兩個團赴會，一是中國佛教會7人團，一是中華佛教居士會5人團。大會秘書長怕我們入境尼泊爾遭到留難，叫我們先到泰國，與泰國代表團一起赴尼泊爾，因泰國團長也是此會的總會長，

因果定法則

照片四六　出席世界佛教徒友誼會第十五屆大會之獎狀

如此便不會被留難。到達尼泊爾以後，先開籌備會，我們的會名問題又被討論，要我們改名。我不答應，我表示：中華民國是創始會員國，所有會員都知道我們是中華民國代表，如現在改名，實非妥當；其次，世界佛教徒友誼會不應有政治目的，因此我們希望能夠保留原名。中共方面不同意，當晚籌備會爭論了一個多小時，不能解決，我就對居士會的團長講，決定先回旅館。回去之後分別召集團員開會，決定採取激

烈行動，必要時退席、退會，以示抗議。當晚就寫好
退席聲明書，翌日開第二次會，將帶去的禮品、年費
送上，就退會抗議。此舉使會場震驚，尼泊爾籍的副
會長出面與我們談條件，希望我們能再研究，我答以
只要不改名，就回去開會。

　　如此又討論了一個多小時，也不得結果。我決定
退出會議，並收拾妥行李，搬出大會安排的旅館，搬
到希爾頓飯店，以示決心。10點整會議開始，我們沒
有參加，但是大會製作了「中華臺北佛教會」和「中
華臺北居士會」兩塊牌子，也叫人扛進會場，有人來
報告我此事。到了晚上，總會副會長偕主辦國尼泊爾
的副會長、美國代表3人來訪，對我們退席表示遺
憾，我對他們表示：此一不圓滿，是因你們蓄意刁難
改我會名而造成的，責任不在我方，只要能想出我們
能接受的方法，我方願意回去開會。

　　當天晚上主辦國提出辦法：明天開始，會場不掛
各國國旗、出席單位，亦不標示名牌，我跟居士會的
會長表示：勉強可以接受，但是主辦國擅將改名的名
牌扛入會場，繞場一週，對我們不禮貌，明天第一場
會議時，主席須向我方道歉。我此一爭取的態度表

現，回來還得到內政部頒獎。此行與我同去的團員，有明光法師等人。

第2天開會後，大會主席向我方道歉。會後，中共代表中有一位在家人到我住處訪問，非常客氣，他們代表團中有一位出家人，不過幾乎不開口。來訪的代表向我談到毛澤東，及文革期間種種不合理的事情。他說：「毛澤東什麼都好，就是文化大革命失敗。」座中有人問到：「法師！你認為還會不會再來第二次文化大革命？」我認為中國大陸不堪再一次重創了。我不客氣的批評，他有些聽不下去，就起身告辭。因中共代表來訪，有致贈禮物，我以蔣公紀念冊回送，他也不好意思不收。

二 、 趙 樸 初 會 長

後來在尼泊爾親王招待茶會上，大陸佛教協會會長趙樸初、第十世的班禪喇嘛來了，我同趙樸初過去就認識，在上海常見面。1943（民國32）年我在上海讀書時，趙樸初剛畢業自蘇州東吳大學，到上海市佛

照片四七　與趙樸初會長合影照

教會當秘書，辦公地點就在靜安寺，該寺住持德悟法師是我光孝寺的同學。我每次去拜訪德悟法師時，都會看見他，有時候也會跟他聊聊天。

　　大會第3天上午，尼泊爾親王在他的御花園茶會招待大會貴賓，我與趙樸初兩人，分別40年後初次重逢，兩人都非常高興。寒暄之後，我對他提起：「江蘇泰州光孝寺，我的師公曾在那擔任住持，我也從那裡的佛學院畢業。光孝寺在文革時被破壞，師公南老

非常難過，要我負責修復，此事要請你幫忙啊！」他一口允諾會盡心幫忙，這是修復光孝寺的第一個好因緣。

此事談妥，他回到住處，晚上他派了一個隨員來問我：「倘修廟事有頭緒時，如何聯繫？」那時我還不敢給他地址，我告訴他：「我有一位同學浩霖法師在美國紐約東禪寺，有信可請他代轉。」後來我接到趙樸初的信，信中寫他12月回到北京後，農曆除夕就派一位秘書去泰州訪查，去了解光孝寺被破壞的情況，隔年初，他還親自去泰州，泰州政府當局對修復光孝寺不敢馬虎了，這對我重建大陸祖庭幫助極大。

重建大陸祖庭

一、重回大陸

中共在1966（民國55）年開始搞文化大革命，到處破壞，尤以對宗教團體與建築爲最。佛教雖源自印度，實際上發展卻是在中國，成功亦在中國，佛教在印度，反成歷史陳跡而已。民國成立，軍閥割據，共黨在成立之初，對於佛教就極盡詆毀之能事。後來孫中山先生在廣州成立軍政府，建立國民革命軍；蔣中正先生開始北伐，1927（民國16）年南京國民政府成立。而共產黨是無神論者，不相信宗教，並且要破壞中國固有文化，中共這一狂妄的思想，並不合時宜，也沒辦法達成。

中共在抗日戰爭爆發時，已被國軍整得藏在西北山區，假聯合抗日名目與國民黨合作。一團殘兵敗將逃到長江北岸，兵馬所到處即打擊地主，破壞寺廟，打日本他們沒出過兵。老百姓很難接受他們的思想，於是就採用破壞與欺騙的方法。當初大陸的廟宇都有很多財產，中共將寺院也視作地主，進行「拆廟分

田」，連寺廟也拆除，害得出家人無廟可住。但早期破壞還不算徹底，到了文革時，全中國寺廟遭受到徹底的破壞。

　　抗戰前，中國的大寺廟，每縣約有7、8個，全國總計有50萬座大寺，小廟更不計其數，出家人約有300萬之眾。到了文化大革命的時候，大小寺廟都破壞殆盡。師公南老人過去主持的寺院——泰州光孝寺，規模很大，有7,000多畝田，歷史也很悠久，自晉朝開山以來，有1,500多年的歷史，也慘遭破壞，令人痛心。

　　1964（民國53）年，大陸傳來噩耗，泰州光孝寺毀於兵火。南公老人在聞悉其所住持的光孝寺遭到破壞，心痛不已，整整3天3夜，不食不語，悲傷至極。為將來修復計，特傳法予我以泰縣光孝寺之法傳記莂，並囑劫後修復光孝祖庭，並恢復佛學院。同時接受南公傳法者，還有妙然、守成二師，他們兩位也是我光孝寺佛學院的同學。

　　1987（民國76）年，臺灣開放大陸探親，1988年秋天我第一次回去。回去後，看到師公過去住持的寺廟，主要的殿堂都被破壞，只剩下法堂、西板堂兩棟

丈室小樓房、廚房等。不過大殿雖毀，山門雖殘破不堪，但還在，這是一個復興傳統的好機會。鄧小平上臺掌權以後，來了一百八十度的大轉變，與毛澤東走完全不同的路線，恢復宗教活動、復興傳統古文化，中國很幸運還有這位領導人。我在大陸看到一片慘象：沒有一個人穿新衣服，盡皆破爛，這是我看到最驚奇、也最痛心的事情。

因緣成萬事

211

二、恢復祖庭的因緣

恢復佛教，是鄧小平的德政。1988（民國77）年，我們回去開始進行恢復工作。在經費上我們並不充裕，然而人事上因緣很好。前面提到，在1986（民國75）年，我曾代表中國佛教會率團到尼泊爾參加世界佛教徒友誼會年會，在會議期間，見到大陸中國佛教協會的會長——趙樸初居士，我特別請他幫忙恢復泰州光孝寺，為了復興此寺，他也花費了一番心血。趙居士國學修養很好，篤信佛教，在大陸佛教界與社會大眾心目中，有相當的地位，蒙他應允，得以順利

恢復祖庭。

　　我第一次返鄉，受到他們的熱烈歡迎，後來便談到重修光孝寺的事情，我告訴他們趙樸老非常關心，並答應大力協助，此即我所謂「好的開始」。趙樸老叫泰州佛教會的秘書去北京，面授機宜，請他回去在泰州成立一個重建委員會。後來宗教局的秘書轉告我，我當即表示，立即籌辦成立，並請趙老居士擔任名譽主任委員，他也同意。後來趙樸老更以「歷史古剎」名義，向中央文化部申請復建光孝寺，其間多賴其協助。

　　1988年我們回到泰州，那時泰州市佛教會已恢復辦公，肇源法師任會長。包括泰州市政府、宗教局、佛教會等機構聯合歡迎我們，在歡迎會上，我報告尼泊爾世界佛教徒友誼會年會上，巧遇中佛協趙樸初會長，且得趙會長應允幫助修復，市府陸副市長及肇源法師都表示支持修復光孝寺。肇老聽後，說到：「這真是天賜良緣！」我首先要求先將山門恢復，讓人知道光孝寺還在，也得到許諾。

因果定法則

三、肇源法師與光孝寺

光孝寺恢復寺廟活動後，擔任首任住持的肇源老和尚，他的貢獻不容磨滅。我與妙然法師於1988年第一次回大陸，即受到肇源方丈的歡迎。他不但是我太師公文心老和尚的法子，也曾在光孝寺佛學院當過一任監學。除此，還有兩位法師，一位當家，一位副寺，即西山寺的松林法師與北山寺的禪耕法師，是他們3人努力將光孝寺從廢墟中整理恢復起來的。

我們回到光孝寺，他們在開歡迎會時，就報告重建情形。在會上，肇源老和尚對我們說了一句話：「你們要早點回來，我們現在是替你們做事哦！」這句話是話中有話，因為他們3人都非光孝寺法系，皆出身自其他寺廟，光孝寺與他們無法系關係。我聽了這話後，就跟同行的妙然法師說：「肇源和尚話中意思，是向我們表明他不屬於光孝法系，要我們找人回去主持，將修廟責任交出，但我們實在無法回來主持。」當時我出了個主意，想把他們變成我們法系的人。怎麼做呢？那時光孝寺已成立祖堂，供上常惺老

214

人與南公的法相和牌位，我們也去禮過祖，我同妙然法師商量，要肇源老法師在祖堂常公靈位前拜法，讓他先取得接法人之地位後，再代表南公，傳法給松林和禪耕。如此一來，他們3人都與光孝寺有了法系上的關係了。我們也會出一書面推薦書，等於由我們負責。我與妙然談妥之後，再與肇老商量，那時肇老已年屆90，他表示想不到年屆90還要接法，我說明這是爲了法脈傳承，只好請他委屈。隨即在第2日，他就邀宴政府相關單位及佛教會代表，宣布此事，如此，光孝寺的恢復及人事關係才安定下來。

這3位法師年事皆高，後來先後過世，約有3年多時間光孝寺沒有住持。此期間恢復工作陷於停頓，後方工廠有棟樓房不肯撤出，我跟泰州市政府主管講，趙老同意我們的重建計畫，是在原地原樣來重建。有人建議另外找地加蓋藏經樓，我說不可，這個原則，我非常堅持。這幾年我沒回去，一直到前3（民國91）年我才再回去。

在經費方面，這說起來很神奇。我平常沒錢，也不會化緣。到了要修祖庭，我也料不到會花到這樣多錢，光孝寺就花了80多萬美金！觀音寺也差不多花了

7、80萬，我不化緣，只是在做法會的時候，跟信徒宣布一下，請大家隨喜作功德，多少無所謂，臺北、美國都有，美國化得的較少。爲佛教做事情，只要發了心，龍天就會護持，擁護佛法，有願必成。

四　、　重　建　過　程

　　我在1989（民國78）年再回去的時候，就將此消息告訴泰州當地官員。他們表示：趙樸初會長已有指示。首先，要組織重建委員會，我們決定請趙居士擔任名譽會長，以加強號召。趙樸初是佛協會長、兼人大代表會副主席，有政治上的地位，也有佛教上的地位。

　　因爲得到中國佛教協會會長的支持，故地方政府也另眼相待，對我較爲支持。另一方面我的師公南老人與常惺老法師，過去對光孝寺的確有貢獻，當地人也至今未能忘懷他們的貢獻。

　　同年成立重建委員會，曾被迫還俗的北山寺一位老和尚，我太師公的法徒，擔任委員會的會長，另一

因緣成萬事

因果定法則

216

照片四八　泰州光孝律寺

位是西山寺的住持，同我年紀相當。過去大殿被拆後，成了工廠，還好有一山門殿還留著，暫充作工人宿舍，我們向泰州市副市長要求照「原樣恢復」，將廠房拆掉。重修光孝寺的工程自1990年動工，首期工程為先修一幢藏經樓，以安放幸存的藏經，1993年完成，建築面積498平方公尺，樓高2層，寬5間，當時身任中國佛教協會會長，且為政協副主席的趙樸初還特地由北京趕來，參加落成典禮，當場揮毫題寫

樓區。到1996年主體工程完工。在這幾年中，我曾
為了重建祖庭，多次到大陸去。

　　1990（民國79）年8月，我組團返大陸朝山禮祖，
並主持泰州光孝律寺天王殿動土典禮。1992（民國81）
年11月底，約同光孝寺住持松林、監院禪耕法師到北
京拜訪中國佛教協會趙樸初會長，請他幫助要求工廠
搬出光孝寺，好復建大雄寶殿。承趙樸初會長答允協
助，並以素齋招待，熱情可感。1995（民國84）年4月
12日，泰州光孝律寺大雄寶殿上樑典禮，我再度率團
返鄉祝賀，隨後又前往五臺山朝禮文殊菩薩。修復後
的光孝寺，信眾與典藏品不斷增加，收藏空間相對日
漸變小，不敷使用，去（2004）年又有擴建藏經樓的
工程，經一年多的努力，終於在今（2005）年5月5日
順利落成，該樓建築面積擴大到2,836平方公尺。當
天上午慶典，我與海內外諸山長老、各省市領導及信
眾3,000餘人共襄盛會。會後又在寺裡舉辦一代宗
師、抗日名僧常惺和尚110周年誕辰座談，參加者有
諸山長老及佛教學者近200人。

　　江蘇海安營溪觀音禪寺自1993（民國82）年倡議
恢復，至1995（民國84）年獲准，遂集合縣鄉領導、

茗山方丈，組織復建委員會，首先於營溪鄉孫庄東南海王公路北側，征得田地15畝。於同（1995）年10日動土奠基，依南京設計院戚德躍先生設計製圖。憑原有格局，整體建築，爲三進兩廂。以山門殿、觀音殿、三寶殿居中，右側廂房爲功德堂、客堂、僧寮房。左側與三寶殿平行有地藏殿。東廂房則住持室、祖堂、餐廳、廚房，依次排列。山門殿至海王公路邊，有藏書室、閱覽室、康樂室、流通處、餐飲部

照片四九　觀音寺恢復開放十週年法會

等，蓋方便香客之設施也。全部工程及各殿佛、菩薩
像，皆於一年之間建造完成，造價共計人民幣680萬
餘元，此款多數是由我募集得來。1997年10月復建
完成後，全國各地常有信徒集合成隊前往念佛共修。
10月16日觀音菩薩出家紀念日，共有將近300多位信
眾前往參加佛七法會，並邀請我為大家宣講一次佛
法。我被他們的誠心所感動，乃應邀前往，並假新建
之彌勒殿為信眾開示。我強調：首先要大家認識宗
教，是有知性與感性之別，現在是科學時代，要信知
性的宗教，什麼是知性的宗教呢？如佛教；什麼是感
性的宗教呢？如拜天、拜神的宗教。其次要大家改良
佛前上香的方式，文明敬香，一支心香即可表誠意，
大把燒香污染空氣環境。最後我勉勵大家勤修彌勒淨
土法門、共同發心，化娑婆為莊嚴佛國，則各人歷代
父母師長、冤親債主都成淨土聖賢，永脫輪迴之苦，
此乃我佛釋迦世尊關懷娑婆眾生所開的特別方便法
門，希望大家把握此一殊勝因緣，了脫自我生死，普
渡苦海眾生。

　　2000年10月中旬，我率門徒輩數人，回祖庭做
了一次佛七開示後，隨後前往蘇州無錫參拜太湖靈山

大佛，受到無相法師熱情款待，飯後暢遊太湖名勝。次日朝禮寒山寺後遊覽蘇州拙政名園，蘇州爲江南勝地，遊名園者極眾，拙政園爲其中代表。參訪蘇州後，再搭車前往杭州，首先朝禮淨慈寺，受到妙高方丈的熱情接待，陪遊運木井、南屏晚鐘，合影後而別。接著遊覽西湖八景後，至靈隱寺拜佛。大陸寺院對出家人大都免收門票，獨靈隱寺收票小姐鐵面無私，眾皆奇怪，我告以無善根人，莫與計較，禮佛後就搭車回上海。次日參訪玉佛寺，覺醒和尚禮遇有加，茶敘多時，興辭而別，放車滬上名刹靜安寺，靜安寺爲江南名刹，清末中、英兩國曾在此議和簽約。該寺當家德悟老學長迎候門前，熱情萬分，監院慧明法師亦熱誠相陪，介紹滬上佛教復興盛況。

2002年10月18日，我又率團赴江蘇海安觀音禪寺，舉行梁皇法會。觀音禪寺儘管地處泰州城東鄉，交通設施尚不甚便捷，但是信徒遠從湖南、江西等地趕來；有的從上海、南京等大都市趕來；還有泰州、東臺、如皋以及本縣四鄉八鎮趕來的。一時間營溪這個鄉鎮雲集了各地信眾，總計參加法會信眾共有350多人。法會期間，虔禮《梁皇寶懺》，我每天爲信眾

照片五〇　海安培訓班開學典禮

宣講《佛說彌勒下生成佛經》。圓滿日還舉行皈依、放生、普佛，功德回向等活動。

　　10月22日上午，法會期間我還主持了觀音禪寺藏經樓奠基典禮。海安縣人民代表大會副主任儲友杰先生、宗教局局長王美如先生、佛教協會會長王天祥居士以及四眾弟子都參加了奠基儀式。觀音禪寺藏經樓是賢度徒建議興建的，主要用於能容多眾之講堂，以應弘法需求。藏經樓位於大雄寶殿後面，長63米，

因果定法則

寬16米，高17米，整個建築為一座收藏大藏經、弘法、共修、教學、住宿等多功能合為一體的綜合大樓。我為藏經樓動土儀式寫了偈語祝願：「百尺高樓從地起，萬卷經書於中藏，學人如欲尋歸路，此中提供正津梁」。又：「今朝吉旦良辰，藏經大樓興工，仰祈龍天護佑，大廈順利成功」。法會期間，我特別關注佛學培訓班的學僧。專門為學僧開示，勉勵他們要精勤用功，做一個真正時代佛教的領導者，做一個續佛慧命的弘法高僧。

10月25日上午，泰州光孝律寺舉行藏經樓奠基大典，寺內張燈結綵，一派節日盛裝。泰州市市長夏鳴先生、副市長周家新先生、市委副書記陳克勤先生、市人民代表大會常委會副主任林來則先生、市政協副主席湯學善先生、江蘇省佛教協會副會長句容寶，華山隆昌寺、鎮江江天禪寺住持慈舟長老與泰州及臨近縣市的政府官員，諸山長老和近3,000餘名四眾弟子，前來參與盛會。這次光孝寺藏經樓奠基大典禮由泰州市宗教局局長趙克儉先生主持，泰州市市長夏鳴先生首先在大典會上講話。他講述了重建藏經樓的意義，並高度敬重讚揚我對祖庭復建鍥而不捨的精

照片五一　泰州光孝律寺藏經樓落成大典

神。慈舟長老也發表了熱情洋溢的講話，講到泰州光
孝寺在中國佛教歷史上的地位和貢獻，以及千年古剎
重光的非凡意義。我在大會上也講了話，我首先回顧
了從上個世紀60年代我的師公南亭老和尚將光孝寺法
系繼承人傳給我；1986年與已故中佛協會會長趙樸
初居士在尼泊爾會晤，商定恢復由常公與南公卓錫之
光孝律寺，之後10幾年中，如何在海峽兩岸數度奔
波，以完成師公南亭長老重興光孝律寺恢復祖庭歷史

的遺願。如今中國政府又同意搬遷工廠的殘餘房屋，得以重修香雨樓（藏經樓）以及戒臺殿、祖堂、法堂等建築，甚感欣慰。我還專門寫了「人民路上喜氣洋，古香雨樓慶重光，學子問道有所在，佛教又將放毫光」、「九月念五是良辰，古香雨樓慶重新，天龍八部生歡喜，國泰民安佛法興」等偈語以資慶賀。

典禮上我與慈舟長老共同主法，帶領諸法師、居士為藏經樓奠基舉行灑淨儀式。晚間，在光孝寺最吉祥殿，為近500名法師、居士，以「佛教未來的走向」為題，做了一場將近兩個小時的專題演講。在泰州期間還分別與泰州市市長夏鳴先生、副市長周家新先生、泰州市委書記陳寶田先生、副書記兼宗教局局長陳克勤先生等進行了會晤，促使今後佛教發展有利的環境。他們幾位首長還分別宴請了我們一行，他們希望通過海峽兩岸佛教界人士共同努力，推動光孝寺二期修復工程建設，重現古寺昔日的輝煌。並以此光大佛教事業，發掘泰州傳統文化資源，不斷提高泰州城市品味，進一步促進兩岸文化交流。

2003年10月14日至10月18日，海安觀音禪寺啟建梁皇寶懺法會。我率蓮社住持明度法師以及續燈法

師、天蓮法師和佩蘭居士親臨大陸祖庭觀音禪寺主持法會。這一次大陸海安觀音禪寺啓建的梁皇寶懺法會，原訂於該年上半年5月舉辦的，因「非典」影響而延遲。這次法會大陸各地信徒紛紛踴躍參加，最遠的路途不下數千里之遙從新疆、湖南、江西趕來。而上海、南京、南通、泰州、常熟一些城市的信徒都組團前來參加法會。臨近的東臺、如皋、大豐以及四鄉八鎮的信徒更是聞風而至。參加法會人數，最高達至400多人，使地處泰州東鄉偏遠的觀音禪寺一下子沸騰起來。

因緣成萬事

225

法會在該寺剛封頂落成的藏經樓內進行，底樓近千平方米的大廳，每天都是濟濟滿堂。梁皇寶懺法會舉辦5日，每日上午由我向參加大眾講述《佛說彌勒大成佛經》，特別強調的是《彌勒淨土法門》，希望大家修持彌勒法門，早日將娑婆世界變成只樂無苦的佛國淨土。法會圓滿之日，還專門舉行放生儀式。

此次率團至海安觀音禪寺主持法會後，於10月19日至23日，還特別對觀音禪寺佛教培訓班的學僧講課。每天由我與明度住持、續燈法師分別給學僧們上課。4天的期間，我們給學僧講述了《華嚴經》的

部分內容，以及《八識規矩頌》和禪修等佛法。此外，10月19日早上，明度法師親臨泰州福善庵，為庵內僧人及信徒大眾宣講《華嚴經》與《法華經》的關係，福善庵的住持心權長老、住眾及信徒莫不感到法喜充滿。

2003年12月14日清晨5時，我在江蘇泰州光孝律寺最吉祥殿，為江蘇省佛協副會長兼秘書長的弘法法師，授予泰州光孝律寺菩提之記莂，使弘法法師成為

照片五二　傳法給弘法法師

南山律宗第38世、光孝堂上第18代傳法門人，光孝
法脈得以延續。我在簡短開示後，宣讀法卷，並爲弘
法法師題取法名，內號「續照」，外號「思同」，意在
期許能續佛法光照，思同佛法行。接著，又傳念珠、
祖衣，一切全依循佛門禮制，拜法於南山律宗第37世
瑞定上人座下，上人交與法卷、念珠等法物，以爲紀
念。拜具、法卷，及交付彌勒紀念金像予弘法法師，
領導大眾一起發普賢十大願，並迴向傳法功德，受法
人遵制禮謝，整個儀式在與會大眾祝賀聲中合影留念
後，圓滿完成。

　　同日上午9時30分，江蘇省泰州市光孝律寺舉行
藏經樓開工暨住持晉院慶典大會。江蘇省市政府及泰
州市政府各級領導也共襄盛事，參加者計有宗教局局
長翁振進、副局長沈祖榮、泰州市長毛偉明、副市長
劉勵、部長周書國等；諸山長老如明學長老、松純長
老、隆相法師、廣修法師、果光法師、光泉法師等等
都到場慶賀；另有僧信二眾3,000多人，亦參與盛
會。我以主人身份，由續燈法師、常靜法師陪同，在
最吉祥殿門口迎接諸山。陞座儀式完成後，大眾移往
藏經樓動工地點舉行開工大典。會中，我當場捐贈2

228

萬元美金予新任住持弘法法師，以作修復光孝寺之用，並表示：光孝律寺開始復建至今，我已陸續捐出80多萬美金，今再以區區2萬美金作爲拋磚引玉，希望大眾也能護持光孝律寺的復建工程，使工程早日完成，我在日後，亦當會繼續關心支持光孝律寺復建工程，直至修復完成。

12月15日，應江蘇省海陵區福善庵心權和尙尼的邀請，於是日上午9時30分前往福善庵，主持心權和尙尼陞座暨福善庵恢復弘法大典。大會貴賓有海陵區政協副主席暨統戰部夏泗部長、海陵區宗教局馬驥局長、楊愛民處長、盧建祥區長、光孝律寺新任方丈弘法大和尙及信眾百數十人，到場表示慶賀。福善庵係泰州市海陵區僅存唯一的女眾道場，該寺興建於清朝道光年間，今傳至近90歲的心權和尙尼，係第8代住持。和尙尼於2003年向臺北華嚴蓮社請贈50套《華嚴經》後，即開始定期諷誦經典，並立志發揚華嚴宗，普利人天，推廣華嚴教義於泰州。此次福善庵獲准恢復宗教活動，心權和尙尼感恩臺北華嚴蓮社給予支持與贊助，特邀請我前往送座，參與見證此次陞座及恢復弘法大典。我於會中向當日與會大眾致上祝

福之意，而且藉此機會介紹彌勒淨土法門，宣說佛教
「因果定法則，因緣成萬事」二大法則，說明萬法生
成的眞理，使在場官員及信眾在聽後，能有耳目一新
之感。

　　我出家時，觀音禪寺只有三進，沒有大雄寶殿，
現在才將其擴建，因爲要做落成法會，南北各地都有
法師、信眾前來參加。在此之前，已經很久沒人做法
會、講經了。雖然，中共將佛教寺廟破壞得一蹋糊
塗，但是百姓的信仰並沒有被破壞。

　　我在江蘇講經之初，或許是中共要防範法輪功之
故，聽見我要講經，立刻下令把門關上。我認爲這樣
不妥，畢竟各方信眾老遠跑來，不好把他們拒之門
外，幾經洽商溝通，才重開大門。事後許多信眾向我
致謝，他們都說：因爲好久沒有機會聽到講經了。

　　我是以投資人的身份去恢復祖庭的，最初他們問
我：「爲何要恢復鄉村的寺院？」原先他們的政策是
農村的寺廟不建，只恢復都市的寺廟。我回答說：
「祖宗寺院都應該恢復，故鄉若沒有可拜佛之處，也
是遺憾。」我的先兄、表兄過去都曾擔任過縣長，另
一位表兄當過工廠老闆，人事方面有一定的關係；地

方上要求我們，投資當地事業，才能修廟。後來我想出辦法，投資當地的幼稚園，幫助當地的社會教育工作，其次是在地方上建立農機工廠。兩者合計需要25萬美金，經過與蓮社僧信大眾商量後，決定籌款投資，其後也有相當的成果，受到當地政府的重視，因而進行較易收到功效。2003年蓋光孝寺大藏經樓，已於今（2005）年全面落成。接著又擴建廟地，新建放生池，並且舉行觀音禪寺落成典禮。現在泰州已是個大市，市容擴展了好幾倍，與南通、揚州並稱大市。

雖然最初我是以投資身分回去的，我剛開始講經時，他們就關起廟門。但日子久了以後，地方官員經過側面的觀察，對我越來越放心，也對我越來越客氣。每次要招待我，請我吃飯，我就在他們招待我的時候，講了「因果定法則，因緣成萬事」這兩句話，因此能順利要求他們在我講經弘法時，把寺門打開，讓更多信眾可以聽聞佛法。

五、佛教人才與經費

　　2003年12月14日，我回大陸祖庭舉行傳法典禮。江蘇省宗教局局長翁振進非常幫忙，推荐江蘇省佛教會副會長兼秘書長弘法和尚出任光孝律寺住持，使光孝寺的恢復，不僅在硬體上得到重建，在軟體即人的因素上也有合適的領導者。舊的光孝寺只剩三門殿還留下，其他在文革時都遭到破壞、拆除了。我去（2004）年回去就是傳法給弘法法師，傳法的第2天，他就上任當住持。就職典禮同時也是藏經樓的開工典禮，光孝寺的修復、人事的安排，都是我回去安排的。去年新住持就任時，光孝寺有住眾20多位，除3位外，都是有家眷的，因為在文化大革命時他們被迫還俗，以後准許恢復宗教活動後，才把他們又找回來，他們也都願意恢復出家人身分，回來修學佛法，讓寺院有了宗教精神，政府也仍繼續補助養老津貼給他們。

　　新住持上任後，我建議他，首要工作是恢復佛學院，培養幹部。現有的住眾20多人，年齡都已不小，難再教育，可讓他們參與早晚共修功課、佛事，而進一步的工作則在培養下一代的佛教人才。

　　現在大陸上非常缺少和尚，人才需求很迫切。像弘法法師現在肩負不少職位：他是蘇州佛教會長，又是省佛教會副會長、秘書長、政協委員、市政委員等。現在的宗教活動都一定要宗教局通過，才能夠做。鄧小平上臺後，就恢復宗教活動，這是他的一大功勞，歷史應該要記下這一筆。毛澤東是關門主義，1988年我第一次回去，下飛機一看，滿目蕭條，很慘的，現在則已經一切欣欣向榮。

　　現在的光孝寺收門票，有些寺廟的門票收入都歸宗教局所有，如此一來使大陸寺廟不能善用經費宏揚佛法。我藉著答謝宗教局長的機會，向他提出，希望能明定宗教局執掌，而不干涉各寺廟財政，要依據趙樸初會長提出的「寺要像寺，僧要像僧，寺由僧管，以寺養寺」的原則來管理。

　　1990年，我帶團回去光孝寺，順便到受戒的寶華山朝山禮祖。寶華山隸屬南京宗教局，那時正在整修，該局就請我去看，第二年我就去參觀，房子是修好了，但是地磚破碎，並不完整。住持當家由焦山寺茗山住持兼管，平時不會到山上去，就請蘇州靈岩山的一位法師當家。他見我們去，非常不好意思，沒能

好好招待，因為連桌椅、茶壺、茶杯都不齊全，便流淚了。我便建議當家，要他請住持，向政府申請，恢復傳戒，因共黨執政後，35年沒有傳過戒，因此沒有合格的出家人。並對他說：「戒一傳，就有錢了。」他聽我的話，由住持提出申請馬上就通過了。其實錢是有的，但是都被宗教局拿去了，所以他們還是沒有錢辦事，後來我大概捐了8、90萬元臺幣給他們。臺灣另外有位戒德老法師，也是寶華山來的，他帶了一些人，在常州天寧寺做水陸法會，錢送到山上。戒期也是草草結束，本來要一個多月的，最後縮短，大概不到30天。

因緣成萬事

233

六、大陸弘法心得

我們現在最主要的計畫，是在大陸培養當地佛教人才。大陸地方那麼大，現在好像只有江蘇的佛教有點規模，邊遠地區人才十分缺乏。江西、福建、廣東固不論，雲南等西南省份和北方各省更為缺少。目前大陸佛教亟需要多培養人才，來推動弘法事業。

234

　　我們華嚴專宗畢業的學生，許多人現在都成立了道場。已經有了道場的人，不容易放下來，所以請他們去大陸講經，也是有點問題。前幾年也曾有幾位法師回去，據說不為大陸信眾所接受，法緣不足，只好回來。

　　我前年收了一個徒弟，是國防醫學院畢業的醫生，自己修行好多年，當時我是藥用植物學會會長，他早在報上看到我的名字，便記下來，想要和我結緣，始終不曾有機會，一直到前年，他才來皈依、出家。他的家鄉在廣東省與廣西省交界處，他出家後回去故鄉探親禮祖，當地縣府看見來了一位和尚，非常高興想與他聯繫，尤其他又是個家鄉人。地方上要他回去，因為當地政府已準備了土地、經費，就是缺人來主持建立寺院，所以我現在一直鼓勵他。他出家了，但是佛學修行方面，還缺系統地研究，所以他有些遲疑不敢貿然前往。

　　我現在也一直在鼓勵弟子們，要他們好好地學，以大陸為將來發展的目標。現在大陸的地域觀念，也逐漸在打破了。臺灣同胞現在也要鼓勵子弟，盡量去大陸開發，畢竟有那麼大一片天地，等待大家去傳

法、弘法。

　　最近我們去上海附近的崑山，當地本來是個小縣城，臺商去了20多萬人，現在相當繁榮。我們這次去參訪了華藏寺，參加了它的落成及住持陞座典禮，有2、3萬人參加。華藏寺也是東晉年間開山的古廟，歷經許多劫難，後來終於重修落成了。看得出來，當地人很迫切需要佛教。

七、「因果定法則，因緣成萬事」

　　這是我對大陸信徒講的兩句話，這兩句話使得中共原本不讓大陸佛寺公開講經的大門給打開了。我出家的觀音禪寺，在5年前大雄寶殿落成時，我就回去做法會。因為禪寺地處農村，財源薄弱，百姓有飯吃，但錢不多，禪寺香火不盛。故我們回去春、秋各做一場法會。有時會來4、500人，北京、天津都有人來，上海、南京更不用說了，江西、湖南、福建、廣東都有人來。5年前第一次做法會，就來了將近

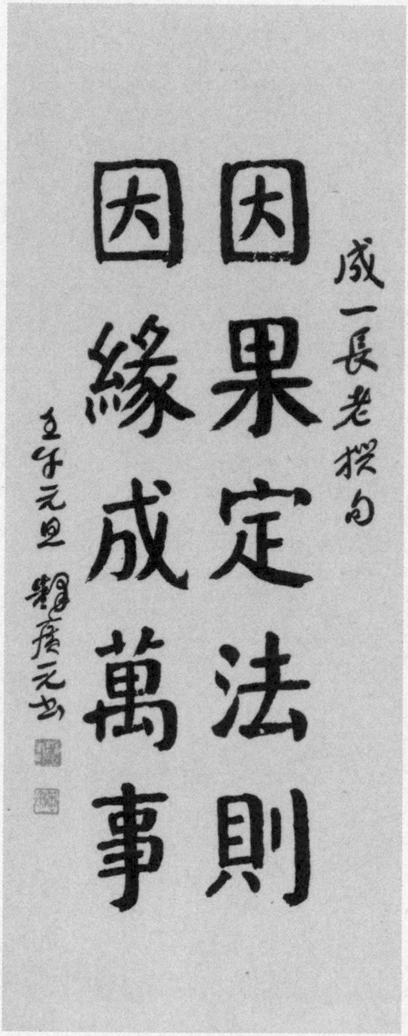

因果定法則

236

照片五三　因果與因緣撰句

500人。我的出生地海安，本屬泰州縣10個區之一，中共建國後，將海安提升爲縣。我第一次回去辦法會，來這麼多人，殿裡容納不下，所以就把大門打開，一半坐在外面聽經。當時大陸還沒有開放，我是以投資的身分去蓋廟，按規定鄉下寺廟不得恢復，除非對地方政府有貢獻者，故我投資20萬美金給輪機廠、輪船公司。農村要運輸要靠內河的小輪船，我的投資不無貢獻，地方當局就讓我動工復建寺廟了。

因我有投資，故他們對我很客氣，每次回去，地方上的領導都會來邀

宴。有次飯前，我對他們談宗教問題。我說，宗教分
兩類，一類是屬於知性的，如佛教、道教；另一類是
屬於感性的，如天主教、基督教、回教等，是感情用
事的，沒有理由，只要信就得救。佛教則是要使人理
解，萬事萬物的成壞，在時間上是因果的關係，空間
上是因緣條件的關係，不是神造，亦非佛、菩薩造，
這是佛教與其他宗教不同的地方。我舉一個例，假設
要開工廠，這是一個「因」；但是要有什麼條件來配
合才能成功呢？首先要有塊地皮，接下來要有建材，
這都是條件。一旦條件都具足，工廠還要機器、工
人、水電等，這些都具備了，馬達動起來，成品出來
了，就是「果」。這不是靠神、菩薩的力量，而是靠
種種因素才能成功的。佛教是科學的宗教便是指此。
假定大家都相信因果，社會肯定會安定，不會有人做
壞事。他們對這句話便非常重視了。我說：假使大家
都能相信「因緣成萬事」這個道理，社會一定很和
諧、團結、容易合作，文明水平一定能提升。我這麼
一講，他們懂了，便不再反對我去講經了。記得第一
次我回去做法會，有1、20個公安過來看我們，經我
這麼一講，公安就撤回去了。第2天，畢竟他們職責

所在，叫一個警察著便衣來幫忙搬桌椅、拿茶水。這是一個很大的突破，從那時候起就可以敞開大門公開講經了。

　　現在「因果定法則，因緣成萬事」這兩句話，在我家鄉很盛行。我表示，佛教是科學的宗教，萬事萬物的成功，在時間上是因果的關係，空間上是因緣條件的關係，不是神造，亦非佛、菩薩造，這是佛教同其他宗教不同的地方。人人都可以成佛，但是成佛要靠自己修，並非信佛就能讓你成佛。佛只引領我們，只要依照他的方法修，就可以成佛。成佛的條件，要把世間萬事萬物，徹底弄明白，好好遵行；如果有一點不能徹底明白，如實做好，就不能成佛。

　　我的大弟子賢度法師也曾到上海、安徽、南京、及浙江普陀等地去講經說法，也能獲得四處信眾的歡迎敬重。

八、2004年大陸行

2004年5月28日，我應江蘇泰縣營溪鄉海安觀音

禪寺及江蘇張家港的永慶寺、滬西崑山華藏寺之請，到大陸弘法。永慶、華藏兩寺同光孝寺一樣，都是1,600年以上的古廟。

我們在南京下飛機，第一站到了張家港。張家港在江南，無錫郊外，接受招待住在一古色古香的賓館中過了一夜，翌日上午到永慶寺。永慶寺也是有1,600年左右歷史的古寺，範圍很大、佔地很廣，約擁有田產60多畝，也是在中國共產黨執政之後遭到毀壞。現在永慶寺當家秋林法師，約40多歲，曾經來過臺灣參加水陸法會，因而我與他認識，一度我還想請他到光孝寺當住持。這位法師很了不起，個子不高，身體瘦弱，但在改革開放後卻將這大寺院整修起來。永慶寺方丈是秋林法師的師父，寒山寺老和尚性空法師。

這次永慶寺的開光落成，參加的有5、60人；我和賢度法師、天蓮法師、王秀惠小姐等，還有一位美國回來的女居士，到場觀禮的人也不少，約有2、3千人，很熱鬧。我見此情況，便向秋林法師建議，下一步的工作，就是辦佛學院。因為現在大陸和尚太少，很多寺院沒有出家人，他也欣然同意。

因果定法則

　　5月29日下午到觀音禪寺，晚上宿於此。從張家港經長江大橋、高速公路過江，很快便到達，較之以往搭渡輪過江，快捷好幾倍。橋是3年前建的，由無錫到靖江，交通很方便，不到3小時就到海安。江北已不像從前，我小時江北還屬傳統社會，沒有道路，只有田埂；現在晚上還有暖氣，用太陽能燒水洗澡。

　　到了海安觀音禪寺就開始拜5天的《梁皇寶懺》。新建藏經樓，樓高4層，樓下一大禮堂，可容納3、400人做法會。5月30日上午，我們參加觀音禪寺藏經樓落成典禮，梁皇寶懺從早上就開經了，因為要在5天內拜完，最後一天還得到崑山華藏寺去，華藏寺的行程是臨時加上去的。

　　法會一方面慶祝佛誕，一方面也舉行落成典禮，來了不少人。我主持法會，有空就去拜，賢度法師拜了兩天，第3天被請到杭州西湖中天竺寺講經。該寺辦了佛學院，方丈光泉法師，年約50歲左右，要賢度去為他們學生講話。中天竺寺佛學院有學生70多人，現在大陸上有這麼多男孩子出家，很不簡單。賢度去講了一下午，次日即回，我們時間排得很緊。

　　這次在觀音禪寺，頭一天就有40多人皈依。南京

的信徒去了不少，他們都很發心。法會期間就是早晚拜《梁皇寶懺》，到6月3日中午即圓滿。當天下午我們就啓程前往崑山，4日上午要舉行華藏寺的落成典禮。4日晚上，賢度在光孝寺有場講座，因爲這次赴大陸前，我生了一場病，她顧念我氣力不夠，叫我不要講，由她去代講。華藏寺的落成典禮很熱鬧，約有3萬多人參加。華藏寺佔地亦不小，不過位在市區，多少受了限制。

　　這次在崑山，順帶參觀了千佛寺。我大姐的孫子在那裡出家，法號「通慧」，在廟裡作副當家，邀我們去看看。這寺院也是古廟，破落不堪，現正由當地政府重修中，我去也送點錢隨喜供養。寺還沒修好，但是他們去緬甸請了一尊大玉佛，整塊玉砌成的，眞是不容易。另外還參觀明末大儒顧亭林（炎武）的故居，很大的一座庭園，現在也整修完成。

　　明年是觀音禪寺復建10週年，已經選好住持人選，這位住持是我大哥的孫子，法號爲「常靜」，北京佛學院畢業，曾任棲霞山佛學院講師、監學。常靜法師與千佛寺我大姐的孫子通慧法師，兩人出家，事先我都不知；明年常靜接任住持，我也要過去開示並

因果定法則

給他頌祝。通慧法師在千佛寺擔任副當家,不過佛學院還沒畢業,他現在還想到上海玉佛寺去讀書。

這些寺廟,千佛寺、華藏寺等,都是政府出資修建的,顧亭林故居也是。大陸沿海省分現在經濟情況普遍很好,省市政府都肯出資整修寺廟、庭園,作為觀光景點,內陸比較差些。

我們這次到了崑山,天色已晚,乃投宿崑山旅館,翌日早上前往華藏寺。崑山在江邊,市區規模不小,是臺商集中地,我們在那裡,還接見兩位信佛臺商,相見交談甚歡。在那裡還有個奇蹟:頭天晚上他們請我們吃齋,供養我們,席間有好多上海來的居士,也有當地的居士,過來找我照相。他們說,前晚夢到我,我感到奇怪,我也是頭一次來到此地,彼此也是第一次見面,怎麼會夢見我呢?

在華藏寺舉行開光典禮,預想不到竟來了2、3萬信徒!秋風法師大驚,直呼這樣下去開光典禮將無法舉行,必須從簡,於是將大殿上的信徒請出去,鐵門拉上來做法事。華藏寺在崑山市區邊緣,約4、50分鐘的車程即可到達。

南京市原國民政府的總統府,現在是中國近代史

遺址博物館，它的管理委員會副主任金實秋先生，與我通了好幾年的信，是個篤信佛法、很熱情的人。我也不知他從哪得知我的消息，當時他任南京博物院副院長，要找人寫對聯，要湊集寺廟對聯來出一本書，我提供他一些資料。他出了《彌勒禮讚》、《現代華僧楹聯》二書都寄贈給我各3本。

　　6月4日中午，我們在華藏寺午飯後，下午就趕往泰州。下午賢度法師在那裡做了一場講座，這是承范觀瀾居士的邀請。范居士本來是泰州第四人民醫院的副院長，大陸改革開放後又擔任當地臺胞接待的負責人，他替我們華嚴蓮社寫了很多文章！有一本《泰州光孝寺》，是他在泰州出版的，還得了一個大獎。令人感動的是，他為了要參加我們的工作，自己當起記者，負責探訪，搜集資料，特別到南京新聞學院去進修。我們幸虧有他，否則我們的活動，無法記載得這樣詳細。他最近又要出版一本書。當時我們的行程，都是范居士安排的，他等於導遊一樣，事先要租車子，負責聯絡、安排，接送及陪同，還做紀錄，並寫成文章，真是不容易，我衷心感佩他的盛情與智能。

　　這次赴大陸，各地都有信徒皈依，今年約有5、

60人。凡皈依的信徒，我都給他們皈依證書、基本的佛教常識叢書。我現在留了一筆錢，是在華藏寺和我合照相的人送我的紅包，總共約有3,000元人民幣，我分文不留，都交給了觀音禪寺的主管王興存，囑他都拿去印佛經，提供信徒研修。大陸缺少佛書，要印佛書並不簡單，要出版書，得先付一筆登記費。我不敢帶經書，因為怕海關查扣，不過我幾次去大陸都沒有被查。

去（2004）年我去大陸前，得了流行性感冒，身體很虛弱；回來後，身體較好，食量也增加了。過去常常會感到一陣頭暈，現在已經不會了。去大陸前10天，精神已恢復，但是1、2個月的虧虛，使體重減輕4公斤多。還好此次赴大陸，面無病容，他們看到我，紛說我的精神比以前更好。現在我的作息，在晚上8、9點鐘就睡覺，以前是10點鐘以後才就寢。

美國弘法

一、赴美弘法因緣

　　1978（民國67）年，我曾應美國加州佛教正信會邀請赴美弘法，並主持由雲霞、印海二師合創的法印寺佛像開光典禮，這是我初次與美國結緣。1981（民國70）年，我應美國佛羅里達州東南佛教會邀請赴美東弘法，訪問佛州州長葛拉漢及州務卿賀史東，並應邀出席該州「音樂院」落成典禮。同時訪問該州州立大學及農機大學，致贈該兩所大學大正大藏經各一部。1982（民國71）年，美國宇宙學府大學教授卡柏訪問華嚴專宗學院，與我就交換老師及研究生、在夏威夷大學成立佛學研究所等問題交換意見。1984（民國73）年12月，我前往馬來西亞參加檳城妙香林寺的落成典禮後，轉機赴美訪問，在洛杉磯法印寺小住，隨後赴舊金山南灣區聖荷西市訪問。應當地華僑吳允良、蔡樹強、胡王本空、胡憲文、梁麗沙、王鎮芬、王良信、傅秋榮、羅無虛、李傳薰等居士之邀請，在一次餐會上，他們向我建議，在南灣區籌備成立華嚴

因果定法則

246

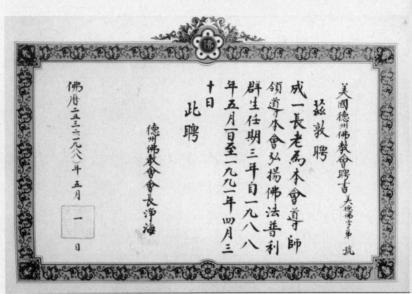

照片五四　美國德州佛教會聘書

　　佛教會，並建佛堂，以方便蓮友及留美青年學生有個聽聞與研究佛法的地方，旋被推舉為籌備會會長，積極著手成立美國華嚴蓮社。

　　1982（民國71）年4月，因為文化學院要進一步辦理佛學研究所的關係，要讓我們的學生增長學識見聞，出去留學是一個好途徑。我們開始跟美國建立交流關係，尋求一些學校與我們合作，文化學院校長要我跟聖嚴法師去佛羅里達，與該州兩所大學，洽談交

換教授及留學生問題。所以1985（民國74）年我就到佛羅里達州去參訪。我有一位徒弟在佛羅里達州，是海軍軍官太太，她頗有本事，英文亦佳，她先生曾做過艦長，退役後改做生意，把臺灣的電扇、腳踏車，批發到美國佛羅里達州去賣。他的太太告訴我，佛州有個港口叫做吉斯非爾，當地華僑頗多，可去那裡成立佛教會，弘揚佛法。適逢此時文化學院潘維和校長也想拓展國際視野，希望與美國大學交流，但他事忙，無暇與海外校院溝通連絡交換留學生、師資事宜，潘校長便指派佛學研究所所長聖嚴法師與我（時任該所副所長）2人一起去進行聯絡。

經由上述我的信徒居中聯繫，得與佛州兩所學校，一所是佛州州立大學、另一所是農技大學，商談合作。我們的因緣就是這位海軍太太促成，她與兩所學校、州政府的官員如州長、州務卿等，都有很好的關係。所以，我們前往拜訪，受到他們熱烈的歡迎，我也帶了臺灣特有的禮品去，加深他們對臺灣的認識。兩所大學，我各送了一部《大藏經》，州政府也送他們一些禮品。佛州州立大學較有規模，我們與其簽訂交換教授、留學生協定，農技大學的規模雖較

　　小，但也跟他們聯絡上了。

　　訪談中也擬在該州成立「美國東南佛教會」，以其地處美國東南部故；另一方面，我代表師公南亭老和尚，取其「南」，聖嚴法師代表他的師父東初老法師，取其「東」。剛好州政府在當地東南隅建立一所活動中心，形狀像個大缸，地下有好多層，演講廳、禮堂，能夠容納3萬人。該活動中心落成時，州長去主持落成典禮，特別請州務卿來陪同我們以貴賓身份參加此一慶典。

　　成立東南佛教會相關的手續，州政府相關人員都很幫忙，同時也和兩所大學訂立交換教授與留學生的協定。我記得簽約典禮是在臺灣簽的，他們代表的兩位教授也到我們佛學院來參觀。後來美方也派來交流教授到文化大學教課，不過我方好像不曾有人去講學。後來我的事情多，聖嚴法師又到紐約去，這項工作就這樣不了了之，尤其東南佛教會，都已商量妥，名稱都定好了，因加州信徒的誠邀，改以舊金山道場先建，此一延誤，遂未竟全功，至今猶感不安！

二、舊金山、聖荷西行

1984（民國73）年冬，我經過舊金山，順道訪問好幾位老居士。在南灣區的聖荷西市，有幾個我的皈依弟子在當地定居，我順道去看看他們。結果這一去，被他們留了下來，要我別去佛羅里達，因美國東南地區的華人不多，佛教徒也少，美西的華人多，而且很需要有人教導。聖荷西在我去的時候，只有2、30萬華僑，現在已經超過百萬。當時當地有不少大學生，臺灣留美學生蔡體行、陳明章等也熱切期盼我到那裡成立佛教會，因他們有一難解的問題：許多剛到此地的人，多被邀請參加基督教活動，但他們又非基督徒，故頗感不習慣；若能成立佛堂，就有地方可拜佛，精神有寄託，又可研究佛學，參與共修弘法工作，所以他們一致的希望我能留下來，這是我留下來的原因。

此事站在弘法觀點，固然義不容辭；但我已經答應了佛羅里達州，這使我感到很為難。聖荷西當地信徒再三請求，況且他們說當地有個好處：夏天不熱，冬天不冷。我那時最感痛苦的就是，臺灣冬天還無所

謂，夏天8、9月份都泡在汗水裡。他們說這裡氣候宜人，夏天都不會出汗，我聽了很動心，心想夏天來此也不錯。此外當地信眾告訴我，此地有兩位老居士，其中一位是羅無虛教授，從上海來，出版過《八正道的解釋》等書，在大學畢業後，就在上海學佛了；另外是李傳薰居士，他原是國防大學教授、軍事學家，在大陸時就皈依佛教，在浙江奉化的雪竇寺，皈依太虛大師，我們在臺灣時也很熟，他常到蓮社來。後來這兩位教授在當地幫忙，輪流於每星期日集會時，擔任中心講師，爲有志學佛人士，宣講佛法。於是買下聖荷西市匹列司奈民房一幢作爲臨時佛堂，就可以順利成立佛教會了，這就是美西佛教會成立的因緣。由我首先開講《華嚴經普賢行願品》，繼由羅無虛居士講《阿含經》，李傳薰居士講「佛學入門」，以後佛學中心的講座就持續下去。我也利用每年寒、暑假抽空到聖荷西的佛堂講經弘法。

三、出席國際佛學會議與中國哲學會議

1980年7月，第3屆國際佛學會議在日本京都大學召開，大會主題是「義湘大師的華嚴思想」，張曼濤教授鼓勵我參加，我鑑於義湘大師是華嚴二祖至相尊者的傳人，法藏賢首國師的同門，與華嚴宗關係密切，乃同意以中華民國代表身分出席，但因臨時決定，來不及撰寫論文，所以祇撰擬了一篇，在開幕式上宣讀。1981（民國70）年11月，第4屆國際佛學會議在韓國漢城召開，研討主題是「華嚴思想與禪門的形成」，由於華嚴五祖密公係致力禪教合一的有力者，故我提出〈宗密大師禪教合一說探微〉為論文發表。這兩篇論文我後來收錄於我的《華嚴文選》中（臺北：華嚴蓮社，1990年5月）。

我出席在美舉辦的世界中國哲學會議有兩次：一次是在1989年（民國78）年8月，由夏威夷大學細羅分校舉辦的第6屆國際中國哲學會議，該校位在西路島上，是個不錯的島嶼，在那邊開了一星期的會；第二次是到加州大學聖地牙哥分校開的會，那兒的人情更

濃厚。

　　中國哲學會議，本來是由兩位宜蘭籍在夏威夷大學教書的教授倡議成立的，但不曉得什麼原因，成立不起來。我也到夏威夷大學去過，也致贈獎學金及《大藏經》給夏威夷大學，校長還請我吃過飯，贈經典禮也很熱鬧。一方面我事情忙，另一方面兩位臺灣籍的教授後來也沒有再聯絡。成立佛研所的事，本來說已經籌備好了，不知何故無疾而終。

　　後來佛羅里達州的佛教會，由一位臺大研究所畢業的居士在領導，他學問很好。當然，一個道場如果沒有出家人，不大容易發展。我們以後仍有聯絡，有一次我藉出席夏威夷世界中國哲學會議的機會，還再訪問過佛羅里達一次。

四、成立美國華嚴蓮社

　　1985（民國74）年1月17日，我率領中國宗教徒協會出席美國雷根總統連任就職典禮慶賀團，以佛教代表團副團長（團長為當時監察院副院長黃尊秋）身份，

赴美慶賀美國雷根總統、（老）布希副總統的就職大典，回程又應旅美華裔佛教學者蔡樹強、胡憲文居士等之邀，赴舊金山聖荷西市。我率領弘度、心明二個學僧攜帶了一尊佛像，一部大藏經，當場布置佛堂，隨著成立美國華嚴佛教會，並展開弘法工作，宣講《華嚴經》〈普賢行願品〉長行經文。蓮社由發起人之一的吳心善居士代表向州政府辦理註冊手續；後來，又購置經書、買家具等等，也忙了一陣。同年11月，再赴美國舊金山聖荷西市，於華嚴蓮社美國分社，續講《華嚴經》〈普賢行願品〉偈頌經文，一個月圓滿。聽眾初聞大法，前所未有，法喜充滿。

在美國華嚴蓮社成立的前3年中，都是承租大的活動中心做法會、講經，佛堂是買了一間住宅房子再加以改建的，裡面有個廳可容納3、40人。但日子久了，信眾日多，以致空間不足，並且原址較為偏遠，信徒往返不便，換了幾個地方，搬來搬去也不是辦法。在這中間，也曾經有個教堂在我們附近說要賣，但是我們過去洽購時，對方猶豫不決，這樣拖了一年。我認為這樣拖下去不是辦法，1986年（民國75）年秋，在市中心的庫比斯諾街另購一幢較大的民宅，

遷入佛堂後，又成立周末念佛會，由弘度法師領導大家念佛。嗣後兩年，蓮社舉辦過觀世音菩薩成道紀念法會，藥師佛聖誕法會等大型活動，均由我前去親自主持，這兩次大活動報名的人，非常踴躍，佛堂又容納不下，只好在外租用場地舉辦。

　　1989年4月，加州政府頒給佛教團體登記證書，8月又獲得聯邦政府發給佛教團體登記證書。於是當月正式成立美國華嚴蓮社董事會，選舉我與雲霞、淨海、弘度、賢度、明度、妙果等7名為董事，又推舉我為董事長。於是我在是（1989）年秋冬，經由胡憲武居士的介紹，在聖荷西南灣區美爾必達市中心南大道50號，找了一塊不錯的建地，花了美金42萬5千元，購得土地面積2萬7千多平方尺，做為興建佛堂用地。該地最早是西班牙人佔據聖荷西時開發之地，有條老街，至今仍保持古色古香的建築物歷史文物，仍保留當年的狀況，我們的地就在老街的頭上。我們新買的房子是西班牙式的，我認為沒關係，初期只要可以用就好了，若要建中國式的房子，屋瓦還需從臺灣運過去。1990（民國79）年，美國華嚴蓮社舉行開工典禮，同時成立共修會、普濟功德會。10月又組織居

士護法會，選出洪讀居士爲會長，協助推動弘法利生
工作，此後即有規矩可依循，共修法會的人數也穩定
成長。

　　在聖荷西當地成立佛教會，有位胡王本空女居
士，是位老太太，在臺北華嚴蓮社皈依的，誠心學
佛，護法很熱心。她的少爺在軍中服務，有上校軍
階，在桃園的化學兵學校工作，退休後也到美國侍奉
老母親，胡老太太與幾位年輕的居士在幫助推動。聚
集當地青年信徒每週定期研究佛法的，最主要就是由
羅無虛、李傳薰兩位老居士帶領指導。最初羅老居士
介紹《阿含經》，李老居士講述《金剛經》等入門佛
學，聽眾日增，研修興趣持續很高。有時還做觀音法
會、或是地藏法會等紀念法會，我就儘量抽空趕過
去，找個公共場所擴大舉辦。

　　1985（民國74）年11月與翌（1986）年4月間，我
兩度前往宣講。初到加州建立佛堂，我心想：在那裡
可能不會有太多人，蓋一間房子有5,000多平方米，
樓上有佛堂可容納5、60人念佛，大概也就夠了，樓
下可租給人家，以取得部分經費做生活開支。剛好有
做房地產生意的華僑，向我們表示要承租，以5年爲

期，我也答應了。

　　哪曉得不到3年，人就多起來，樓上容納不下，法會時常有上百人來念佛。正愁空間不夠的時候，樓下承租的房客（也皈依了）來說，他們願意把一樓遷出，那時候附近還沒繁華起來，他要把公司遷往比較繁華的地方，也是個好辦法，於是我們毅然籌劃修建佛堂。1992（民國81）年5月，美國華嚴蓮社新建佛堂完工啓用，爲此我特地前往奉佛菩薩聖相安座，並即席開示佛法。其後舊金山市大覺蓮社再邀請我前往開示，講題是「華嚴宗的實踐法門」。8月，美國南部休士敦市市長凱西，派德州佛教會董事長黃博英居士，代表頒贈榮譽市民證乙枚給我。頒贈典禮於18日假華嚴蓮社舉行，應邀觀禮者有來自臺北的行政院新聞局局長廖正豪，中華日報副社長王士祥等貴賓。

　　1993（民國82）年5月16日，我主持美國舊金山華嚴蓮社佛堂落成佛相開光典禮。當日應邀主禮之貴賓有來自臺灣與美國各地的悟明、印海、淨海、雲霞等長老，我駐舊金山代表處長、米爾必達市市長、夏威夷金鋒銀行總裁金乙黎居士等，及在美華人信徒近1,000人，都來參加了此一莊嚴的盛典。自從佛堂蓋

起來以後，我們有了活動中心，從我蓋佛堂以後，附近地方一天天地發展起來，華僑也愈來愈多，現在有100多萬人，人氣很興旺，20年來變化很大。樓下部份有1,500百平方呎，全部作講堂用，可容納200人左右，於是我們利用週末舉辦念佛靜坐班，每週日集合信徒誦持《華嚴經》。

照片五五　美國華嚴蓮社

　到了幾年前，信徒到了200～300人，講堂也容納不下了，要繼續擴充，1998年9月我們成立「美國

華嚴蓮社擴建籌建委員會」，並於2003年8月舉行新建大雄寶殿動土大典禮。

2000（民國89）年暑假，美國華嚴蓮社暑期佛學講座，由我開講《佛說大乘本生心地觀經》。嗣因暑假臺北法務較忙，所以決定提前來開講。從5月14日星期日開始，這部《佛說大乘本生心地觀經》很少有人講過，聽眾不免感到新奇。此經乃釋迦如來於耆闍崛山，爲文殊師利、彌勒等諸大菩薩敘述出家住阿蘭若者，如何觀心地、滅妄想，而成佛道。頭一天到的聽眾有百數十人，經文只講了本經的懸論部分，即經題及人題，還有此經與彌勒淨土法門的關係，時間就到了，一般的反應還算不錯。接著21日第二講，內容是序品中的證信序，六種成就中眾成就的「聖眾成就」、「凡眾成就」，包括「天龍八部」，經文甚長，第三講也沒能說完。最後一講大概只能將序品講完，因本經是五乘共學之經教，所以介紹給聽眾，雖然需要的時間較多，不過大家還都耐心的諦聽，實是難得。

2001（民國90）年，我到美國華嚴蓮社一個月，此行有二大目的。其一爲固定每年二次的講經弘法之

冬季之旅，另一則爲舉行由我首創之「彌勒佛七法會」。美國華嚴蓮社住持賢度法師，請我從10月29日到11月26日，在蓮社的每星期日之共修法會上，爲美國信眾續講《佛說大乘本生心地觀經》。所以我於10月28日搭機至美，第二天即於華嚴蓮社陞座講經說法。

　　我此行另有一創舉值得一提，過去我極力倡導彌勒法門，今年邁入第5個年頭了。所以除了同往年講經弘法之外，特別利用這次在美國之行舉辦了一個特別的彌勒佛七。這次在美國華嚴蓮社舉行世界首次之「彌勒佛七」，儀軌乃由我與明度法師精心編製而成的。明度法師曾擔任宜蘭普照寺、現任臺北華嚴蓮社住持。彌勒尊佛將是繼釋迦牟尼佛之後，於56億7,000萬年後，下生娑婆世界成佛度化眾生，到時不僅僅我們個人得度，並且我們的六親眷屬等眾生亦可得度，此娑婆世界將成爲一個佛國淨土。我在那裡，也跟他們講過《華嚴經》〈普賢行願品〉，限於時間，無法整部講，只講當中的特別主題。另外也還講了一些其他的經，我都是忙裡抽空過去一下。事實上，嗣後只要時間許可，我都抽空前往與信眾結緣。例如今

因緣成萬事

因
果
定
法
則

（2005）年的清明節（4月3日至10日），我就在舊金山華嚴蓮社主持清明祭祖超薦法會；4月15日，再到德州，主持休士頓華嚴蓮社落成剪綵，及最吉祥殿啓用暨佛像開光典禮。

因爲我忙於臺北與大陸祖庭的事務，實分身乏力，美國方面需要年輕有理想的人來推動。因此我借著動土典禮時，也舉辦新舊任住持交接典禮，把美國事務交予弟子賢度法師。2003（民國92）年8月，賢度法師上任，即積極規劃推動建設與弘法工作。她把大雄寶殿蓋好以後，樓上作講堂，樓下作佛殿，以後做法會，會寬敞一點。剛好，在新佛殿建地旁邊有一所幼稚園，佔地與我們相當，也想要賣，賢度法師也預備將其買下，建起2、3層樓的房子，要在那裡辦佛學院，培養英語弘法人才。賢度法師很發心，她希望將美國華嚴蓮社建設爲現代化的佛學研究中心，培養更多佛教人才，提供信眾最好的服務。於是我們又興建大雄寶殿，至2005（民國94）年9月17日大殿完成暨佛教開光典禮同時舉行。我率領臺北華嚴蓮社人眾親往主持，到場貴賓及信眾多達千人，米爾必達市市長亦蒞臨觀禮，並餽贈一紙獎狀。住持賢度致謝辭，感

謝所有參與建築的工作人員與支持的廣大信眾，並期盼能好好利用此美好空間來推動弘法、教育、文化、慈善等事業，也為社區提供學佛園地與資訊。此外，賢度在取得印度德里大學佛學博士學位後，應邀到大陸北京大學演講佛法，並主持佛學研討會，也應邀到馬來西亞講《華嚴經》，她口才很好，人緣也佳，所到之處廣受歡迎。

五、美國弘法展望

過去20年來，我常定期前往美西弘法，為當地佛教開創新境界。在第一幢樓房蓋好前，經常要做佛誕會、觀音聖誕等弘法活動，所以美西佛教徒的人數與素質，都逐漸增加提昇起來。本來我預備5、60人的佛堂，不到3年就不夠用了。首先將樓下收回後，趕緊裝修成佛堂，最多可以容納200人，現在也不夠用了，法會動輒500人以上參加了，故又要改建蓋大樓。賢度法師現在在那裡任住持，我們也設法培養外語弘法人才，把佛法傳給美國人固然重要，但是我們

因果定法則

自己本身也需要培養人才。

此外，也可順便一提，華嚴專宗學院第1屆畢業生圓果法師，出家數十年，一直默默耕耘。6年前在美國南部大城休士頓（Houston）市成立道場，悄悄講經說法，每年固定舉辦幾場法會，擁有一定的信眾，今（2005）年4月15日舉行新建築休士頓華嚴蓮社落成開光典禮，我與臺北蓮社住持等前往主持，我並於同日下午舉辦「佛學講座」為信眾開示。

大陸幅員比美國還要大，可惜我們推動大陸弘法的時間太晚了點，冷戰結束以後才能展開。我希望弟子與學生都能朝著這個目標來發展，不要去忙個人的道場。

與國內教界的因緣

第十五章

因緣成萬事

1953（民國42）年，我應聘出任中國佛教會秘書，主編《中國佛教月刊》。師公南亭法師又於民本廣播電臺成立「佛教之聲」節目，我也在該節目中，播講過《金剛般若波羅蜜經》。

1959（民國48）年春，南亭和尚又徵召我，出任華嚴蓮社監院，並應臺中寶覺寺之聘，於該寺佛學院，為諸生講授《八識規矩頌》，同時出版所著《慧日集初編》。

1967（民國56）年，我出任智光商工職業學校董事，並應聘兼任中壢元化院佛學院副院長，為諸生講授「佛學入門」、《八識規矩頌》等課。這是善導寺悟一法師的關係而結的緣。當時我還在智光商工教書，所以有時白天在智光上課，晚上到圓光上課。

這是早年我與臺灣教界的一些因緣，以下再敘述另一些因緣。

一、曉雲法師

曉雲法師是當代傑出的比丘尼，也是個畫家、教

264

照片五六　蓮華學佛園聘書

育家。她俗姓游，初名韶珊，後稱雲山，出家後法號曉雲，字青峰，又號能淨、默泓。1913（民國2）年出生於廣州，早年接受傳統儒家教育，20歲畢業於香港麗精美術學院，師事嶺南派巨擘高劍父，畫風深受高劍父的影響，戰後得有機會遊歷東南亞、印度及歐美各國，開拓視野，增長見聞，同時沿途作畫，並舉行畫展，對外宣揚中國文化。

　　1958年冬，結束海外之旅，返回香港，因緣成熟，依倓虛老和尚剃度出家，仍參與藝文活動，並創辦佛教文化藝術協會，及一所小學、一所中學。1966年應中國文化學院創辦人張其昀之聘，來臺北任教，先後授課於藝術與哲學研究所，及主持中華學術院的佛教文化研究所，達10餘年。1971年以後，駐錫永明寺，創辦蓮華學佛園，及華梵工學院，現在

已升格爲大學。

　　1972年曉雲法師即邀我到文化學院佛教文化研究所授課，1981年又邀我前往永明寺蓮華學佛園開講「華嚴學」。爲了向諸生開演《華嚴經》綱要，從此我對《華嚴經》的內容組織，有進一步的瞭解，也從那時起，開始發表研究心得。第一篇是應蓮華學佛園首屆畢業特刊而寫，題名爲〈略述華嚴經之傳譯及其於中國佛教之影響〉。1976年蓮華學佛園第二屆開學，曉雲法師仍聘我去講華嚴，遂以《華嚴綸貫》爲教材，與諸生研討，邊講邊編撰教材，後來因自己蓮社事務無法再分身前往授課，但仍抽空撰畢《華嚴綸貫略釋》，送與同學結緣。

二、擔任中國文化學院佛學研究所副所長

　　記得是在1978（民國67）年，聖嚴法師從日本立正大學拿到博士學位，中國文化學院的創辦人張其昀請他擔任該校佛學研究所的所長。那時文化學院成立

因果定法則

266

很多研究所，各種學科應有盡有，曉雲法師領導佛教文化研究所，我也參加。聖嚴法師返國後，請他擔任佛學研究所所長，同其他研究所一樣，掛上牌子，每年找幾位學者寫文章，開開會、出版刊物。之前佛教文化研究所是周邦道擔任所長，並沒有什麼活動。聖嚴法師回國接任後，沒有領導與辦事經驗，他以為佛教研究所的董事會組織乏實際功效，想把董事會解散。各董事聽說要被解散，也就不來參加。後來要工作時，這些董事都不去了，沒辦法推動。聖嚴法師聽了星雲法師的話，要把董事會解散掉，由煮雲法師來領導，但是行不通。那時聖嚴法師的老人圓寂，寺中財產不能動用，我就跟他說，董事會初又父也，東巧師父不能動用，我就跟他說，董事會

照片五七　中華學術院佛教文化研究所聘書

不能解散，董事會就是你的工作班底，不管貢獻如何，有一組織總是比較好。

在我答應出任佛學研究所副所長之後，我就說：「既是研究所，一定要有研究生，上課研究佛學。不要像一般研究所那樣，只掛個名，要實際招生上課。」聖嚴法師有些猶豫，認為沒有備案如何招生？但我說：「沒有備案的事情多得是，可先去問張創辦人曉峰（其昀）。」又說：「你們若不相信，我們去問曉峰先生，他一定會同意我這個主張，掛空牌的事情沒有意思。」後來我們兩人去見曉峰先生，他說，我們先把研究所學生教好，他就承認。曉峰先生向來都是先斬後奏的，我曉得他的作風。

於是我們便籌備招生上課了。聖嚴法師又怕招不到學生，我們協助推荐人選。另外一個問題是沒有經費。我在法會時向信徒宣說：「要發揚佛教，需要有懂佛學佛法的人才，我們要辦佛學研究所，培養佛教人才，請大家幫忙。每年出1萬元以上的，請他作董事；1萬元以下，3,000～5,000的，聘為護法委員。」我後來組織兩個會，其中一個是董事會，了解張創辦人不會限制人數，結果我找了30幾位董事。

30幾位就是30多萬的捐款，在那個時候也是很夠用的。3,000～5,000捐款的也有20幾位。一下子錢就有了，就開始招生上課了。研究所正式上課，也舉行過開學典禮。其他的如曉雲法師所辦的研究所，也弄了一間房子，偶爾也找人去講經，還找我幫忙管經濟。研究所重在能否持續辦下去。這些學生畢業後，都成為聖嚴法師的護法與助手，他的事業基礎才建立起來，算是我幫忙他的一段經歷。

三、中國宗教徒聯誼會

中國宗教徒聯誼會始創於1941（民國30）年。其時正逢中華民族生死存亡之秋，日本軍閥入侵中國，同胞陷入水深火熱中，佛教領袖太虛大師聯合天主教于斌主教、基督教陳文相牧師、回教白崇禧將軍等共同發起，用以聯繫世界性的宗教，追求真理，反抗暴力侵略，促進世界和平。1950（民國39）年隨政府遷臺後，公推于斌樞機主教為理事長。1966（民國55）年，我當選「中國宗教徒聯誼會」理事。1976（民國

65）年，代表中國宗教徒聯誼會出席「中、韓宗教徒聯誼會聯合會議」，並在會議中發表演說，號召世界各宗教領袖，重視無神論者對宗教所做之破壞。

　　1984（民國73）年5月24日，我出席文化大學召開東方文化交流學術研討會，榮獲美國東方大學普魯典校長代表該校授予名譽哲學博士學位。旋以中國宗教徒聯誼會亞洲訪問團團長身分，於當年7月出席在日本東京召開的世界宗教徒聯合大會，訪問了日本各宗教團體。接著帶團訪問了香港、泰國、印度、杜拜、約旦、新加坡等等國家的各種宗教組織，呼籲組織世界宗教徒聯誼會，普遍受到各國政府機關歡迎，並拜會華僑團體，也受到各宗教團體的歡迎。

　　1987（民國76）年10月，我組團參訪亞洲各國，號召成立世界宗教協會，結果於次年即成立了大會，總共有22個國家。我出任大會議案審查會主席，旋當選為副會長。1989（民國78）年，我當選為中國宗教徒聯誼會理事長，我就將原本4大宗教，擴大為11個宗教，只要政府登記有案的正當宗教都可參加成為會員，並將名稱改為「中國宗教徒協會」。

　　1994（民國83）年2月，蒙中國國民黨李登輝主席

照片五八　中國宗教徒協會證書

頒贈我華夏獎章乙座，表揚領導中國宗教徒協會的貢獻。

四、廣元法師

　　廣元法師是我的好朋友，華嚴專宗佛學院也曾請他來兼課。我認識他是因為慈航法師的關係，那時慈

航長老在汐止，他常上去親近，或有客人來時，也帶他們上去看望慈老。廣元法師俗姓宋，名元如，是安徽省太和縣人，1928（民國17）年出生，6歲啓蒙，入私塾受傳統教育，並隨父習書法，弱冠即以書法名聞鄉里。1949年隨軍來臺，從事政工，官至上尉，偶聞佛法，體悟諸行無常，毅然離職，投身警界服務。1949年，有謠言說共黨要喬裝成出家人來臺破壞，因此有搜捕出家人的風潮。廣元法師那時在中壢警局當警員，當出家人被關起來時，他曾多方照顧。1952年入汐止彌勒內院，跟著慈老出家，我在上海佛學院教書的時候，就與慈航老法師通信了，那時他在新加坡，因為他的思想新，我們都很欽佩他。假定智光、南亭兩位老和尚沒法來臺灣的話，我可能也跟他一起去教書了。1954年，廣元法師在新竹獅頭山元光寺受具足戒，同年慈老圓寂，廣元就搭一茅棚，在慈老的墳墓旁邊守靈3年。他的書法就在此時更上一層樓，先後於1962、1965年舉行兩次義展，以義展所得，籌建淨律寺。我在辦佛學院時，也請廣元法師來教書法。廣元法師現在是智光商工的董事。

　　廣元法師買了塊地，又成立臺灣第一座佛教公

墓，在三峽附近，樹林過去一點。此後多次應日本、韓國、美國、新加坡之邀，參加書法展或美術聯展。平素也好文藝，著有《中國書法概要》、《釋廣元藝文集》等書，散文分見各報刊雜誌，膾炙人口。以前有位立法委員叫陳成，也是皈依學佛的居士，過世以後就葬在他的佛教公墓。

五、鄭振煌居士

現在《慧炬》雜誌的獎學金還繼續在做，因為錢是大家捐獻的。《慧炬》雜誌目前的主編是鄭居士，臺南縣白河鎮人，1945（民國34）年生，畢業於臺大外文系，在大學期間就誠心學佛，曾擔任臺大晨曦（佛學）社社長，常親近臺中蓮社李炳南居士；其後又獲政大新聞研究所碩士，一度任教於大學與佛學院。他中、英文學養俱佳，為人誠懇，也善講演佛法，很發心。

這幾年我已禁足，不出去應酬，故很少與他見面，過去也不是常往來。但我有時會看他主編的雜

因果定法則

誌，他會寫文章、講佛法，是佛門中不錯的一位居士。他發表許多文章，並作英文翻譯，已出版著作十餘種，如《西藏生死書》、《西藏佛教的修行道》、《認識藏傳佛教》、《心靈甘露》、《武藝中的禪》、《何來宗教》、《佛教在中國》、《觀音－半個亞洲的信仰》、《慧眼初開》、《菩提樹的心木》等等，很受讀者歡迎。

因緣成萬事

彌勒法門

第十六章

因緣成萬事

修西方淨土的人，只念佛號而已。實際上，念佛是超度的方法之一，應該要念經，讓他懂得信佛或修行的方法，能夠在心底知道，怎樣敬佛、拜佛，才會得到功德。這是佛教傳到中國後的特別之處，印度的原始佛教似乎沒有只念佛的修行法門。《佛說阿彌陀經》是在佛教傳來中國後，才翻譯過來的，在西北印度曾普遍流傳過。佛教傳來中國最初400年中，只有念彌勒佛，沒有念阿彌陀佛；後來因國人信白蓮教，說是現在的世界「老佛退位，新佛掌盤」，而號召無知老百姓反對政府。這樣一知半解傳下去，到了南北朝，時局動亂，他們藉此機會宣傳此法門，愈來愈多，各種花樣都出來了。隋唐時，曾經發生過幾次動亂，動亂被軍隊弭平後，民間就不敢修彌勒法門。而晉代時鳩摩羅什翻譯出《佛說阿彌陀經》，反而盛行，從此大家念阿彌陀佛，不再念彌勒佛。本來都是念彌勒佛，升兜率天，不是升西方，後來就改了。

但是信仰彌勒的人還是有的，因歷代政府雖力加取締，但仍斷斷續續不絕如縷。一直到民國成立，太虛大師成為蔣中正的宗教顧問，才又回轉。這是怎麼回事呢？原來國民政府定都南京後，因中共是無神

論，不信宗教，提出兩個問題，一要求廢除宗教，二是廢止中醫。蔣先生當時剛好下野，返回浙江後，就針對此二問題仔細考慮，認爲不太合理。奉化有個著名的雪竇寺，是蔣母王太夫人常拜佛的地方，他也常到那裡，在那裡思考問題，因這是民間的傳統習慣，一下子難以變更。同時他也要了解？宗教對社會的貢獻是什麼？就找了太虛大師來研究。太虛大師向蔣先生表示，宗教對人們的影響很大，獎善罰惡，是最起碼的效力，讓一般人知道因果道理，不敢隨便做壞事，後來又講了多種佛教教義，談論了足足有一星期。蔣先生了解佛教的重要後，再去找中醫界的老先生，他們也力言維持中醫的重要，當時的西醫還不太成熟，而傳統的中醫療效卓著，而藥材除能治病外，且是一大財源。這些問題剛談完後，南京派人來了，要請蔣先生再回去領導，後來這兩個問題就擱置不再談了。

一、佛教在中國的發展

民國時代的寺廟很多，以我出生的江蘇泰州來說，大的寺院就有10家，小的有百餘間。佛教在中國，可說是最成功的發展，信徒多，經典也都翻譯過來了。道教在中國反而沒有佛教昌盛，因為經典意思太艱深，信徒不一定能看得懂。來到臺灣後，也幾乎沒有人在傳道教。現在民間把神教叫做道教，其實那是拜神、祭天的信仰。凡夫的走向有3條路：地獄道、餓鬼道、畜生道。地獄道是無惡不作的人下場。第二條路是餓鬼道，阻礙別人做好事，自己又不做好事的，落在此道；落在餓鬼道的人，終年吃不到一頓飯，飲不到一滴水，這樣子的人很少見。畜生道則是拐人錢財，還債來的，歷史上留下來有關因果報應的故事很多。

最近我們辦了一次中、小學老師佛教夏令營，我告訴參加的老師們，目前宗教不統一，但是教義最完整的，就是佛教。中國也是發揚佛教最成功的地區，韓國、日本、越南三個國家的佛教，也都是由中國傳過去的，但是成績都不如中國，尤其是日本。日本近

世以來，因為要向外侵略擴張，所以明治天皇鼓勵僧侶結婚生育成家，使得日本佛教變質。

我們知道《華嚴經》也在韓國發展，當時新羅，有一位審詳法師，負笈來中國求佛法，親近三祖賢首國師，稟承華嚴，歸國後，弘揚華嚴，發展得很好。後又東渡日本，住大安寺，日本天平12（西元740，唐玄宗開元38）年，日僧良辨請於東大寺之金鐘道場開講華嚴，使華嚴在東瀛生根發揚。

佛教在中國，曾經有10多個宗派，唐代的時候，共有8個大宗派。小乘佛教的一些宗派，因為乏人研究不再流行。8大宗派是：三論、天臺、華嚴、淨土、禪、律、唯識、密等。佛教研究最徹底的是人的生命走向，六道輪迴的說法是非常合理。小乘佛教又可分兩種：聲聞與緣覺，只顧自己成佛，不度眾生。佛在世的時候，批評過這些小乘人為「焦芽敗種」，因其不利眾生、不傳佛法。

小乘中也有許多僧才，後來釋迦牟尼佛在法華會上，把這些小乘人都改變成大乘行者了，替他們授了菩提記，將來他們都能成佛，在法華會上有成熟的教育。最初他把這聖人、羅漢的佛果叫做「中途站」，

一直由凡夫修到佛果，要經三大阿僧祇劫，「三祇練行，百劫修因」，所以要修成功，須經歷此般劫數。常人沒有那麼多的時間、耐心，但是修的歷程一定是這樣的。

二、成佛的法門

大乘佛教從凡夫修到成佛，有52個位次。第一是「十信」：起信，把信心修到堅定不移，有十個階段；第二是「十住」：安住於佛法，不再動搖；「十行」就是按照起悟的真理去修行，也是有十個位置；「十迴向」，自己已懂修行，一方面繼續修，一方面要度人。前面「十信」稱為凡夫位，後面30個位次，稱作賢位。菩薩十地，則為聖位。修到菩薩位次，叫做歡喜地，證一分真理，就得一分法身，已經可以成道，但是要修十個階段，才能圓滿。

圓滿後還有兩個位置：「等覺」，等於功課都修好，已經等於到了佛國，但是仍有一分最後的無明，還沒斷盡；斷盡後才成佛，叫作「妙覺」。一共52個

階位，依照佛的方法修，這樣修才能圓滿成功。

　　後來佛因感娑婆世界的眾生太苦，既要急於求眞理，又不耐煩三大阿僧祇劫的漫長修行，所以指引出特別的法門──即淨土法門來。念佛，可往生到有佛的國界去，如西方極樂世界、東方藥師琉璃佛淨土。十方世界都有佛，可生到佛國去修，不要在我們這世界修，在我們的世界要修成功很難。

　　佛教的教主釋迦牟尼佛，在2,500多年前，到我們的世界來成佛。他學佛以後，發現娑婆世界的眾生是最苦的，所以立志要來度眾生，他特別認眞的修行，也鼓勵學佛之人認眞修行，此生就要修成功。所以我們這個世界，有變成佛國的希望，眾生也都可以達到離苦得樂的目標。佛住世50年，有緣的眾生都度化了；但是還有些無緣的人，他把未得度的眾生交給大弟子彌勒。彌勒是釋尊座下的首席大弟子，曾經受過他的記莂，將繼承法王的法位，也就是現在說的接班人，我們這個世界將來也會變成佛國淨土。

　　爲了這件事情，釋迦牟尼佛在他涅槃前12年，就把佛法傳給彌勒，指定他將來到娑婆世界來成佛，把娑婆世界變成佛國。把現在娑婆世界的眾生，凡是在

他佛法中，種過一點兒善報，那怕只念過一聲佛號、上過一枝香的人，彌勒佛都要在他說法的龍華三會中，把他們度成功。實際上，彌勒佛修行的時間，比釋迦牟尼佛還早40個大劫。他發心早、修行早，釋迦牟尼佛在他後面，但是釋迦牟尼佛爲了要到我們這個世界度化眾生，特別用心修，所以只修了9個劫就成佛。最後釋迦牟尼佛把佛法傳給彌勒，要他將來到我們這個世界來成佛，所以有時候，我們稱彌勒爲「當來下生彌勒尊佛」。

佛教將天界，分爲三界二十八重天。「欲界」一共有六重天，「色界」有十八重天，「無色界」四重天，共是二十八重天。彌勒佛在第四重天兜率天，該天又分內、外兩院，內院就是修行人，且是修成功之人住的地方，在這裡等待機會因緣去成佛。我打個譬喻，如過去科舉時代，中試者到了京師，至翰林院等待放官，兜率淨土就等於佛教的翰林院。所以我們現在先在娑婆世界修行，彌勒佛比較慈悲點，不一定要修苦行，只要三歸、五戒、十善，即有資格升兜率天，這是最方便修行的地方。彌勒佛在兜率天住4,000歲，這4,000歲，在我們人間來說，等於是56

億7,000萬年,差不多一個小劫的時間。

釋迦牟尼佛要彌勒佛到兜率天,替我們開闢的一個臨時淨土。讓我們修行,修到56億7,000萬年後,彌勒佛就從兜率天下來,將我們的世界變成佛國。那時候我們的世界,再沒有痛苦,也沒有水火刀兵這些劫難了,而是清淨莊嚴的佛國。所以我現在要教大家,不必念阿彌陀佛往生西方,也不必念藥師佛往生東方,就在本土修行。這是釋迦牟尼佛最後的遺旨,把責任交付給彌勒佛,要把我們世界變成佛國,把世間苦難眾生都度成功,要我們能夠離苦得樂,這是一個大好的機會,一個大好的消息,否則痛苦沒有了期。

釋迦教主度了彌勒以後,把責任交給他,要他來負責,把水火世界變成佛國淨土,把我們這些還未修成功的佛弟子,通通都度到兜率天上去,等到他下來成佛時,大家才和他一起下來,在龍華園開3次大法會,說法度人。第一次大法會,彌勒佛度96億人成功的了脫生死;第二次大法會,度了94億人,成功的成就菩提道;第三次大法會,度脫92億人,出離生死輪迴。彌勒佛成就佛道將近300億(計282億)人,都是

釋迦牟尼佛的後代弟子及天界的眾生，包括了我們過去的父母、師長、兄弟、姐妹、夫妻、眷屬、親朋好友在內。在這段時間，我們一定要把這個彌勒法門修成功，這是釋迦牟尼佛給我們離苦得樂的大好機會，千萬不要隨便錯過。

　　首先我們要弄清楚，知道眾生，尤其是人類生命的走向。第一，人死後不只兩條路，而是「聖四、凡六」十條路。佛教主張，凡夫境界是六道輪迴，聖人境界，是聲聞、緣覺，菩薩、佛四條路。小乘佛教只自度不度人，佛是不贊成的。佛在《法華經》上講，只怕眾生吃不消修行長遠的路程，小乘佛果可做中途休息站，但是《法華經》把成佛的地方叫做「寶所」，是我們的目標。

　　佛教的理想是很完善的，一方面將凡人的生命，三條苦路、三條樂路，分得很清楚。什麼樣的根源，就有什麼樣的果報，有因就有果，很公平，這是修行方法的說明。

三、彌勒法門在中國的流傳

因果定法則

284

　　佛教傳到中國來，最初400年，都是修彌勒法門的。在印度等南亞與南洋諸國家，都屬小乘法門，為何我們中國會有念阿彌陀佛的法門出來？到隋唐五代，有人假借彌勒下生思想，曲唱「老佛退位，新佛掌盤」來造反，企圖推翻政權。這種戰爭也曾經發生過幾次，死了不少人。原先大家都修彌勒淨土，根本沒有修阿彌陀佛淨土的。等到造反這些人掀起戰爭以後，大家不敢再修彌勒法門。剛好，那時鳩摩羅什法師，已經把大藏經裡面的《阿彌陀經》譯出，道安法師的大弟子慧遠，就去宏揚彌陀淨土，因為有這一段歷史淵源，阿彌陀佛法門才在中國流傳下來。

　　現在的一貫道，就是當年邪教的流傳。一貫道到現在沒有教主，最初宣稱觀音菩薩是他們的教主，後來則說是地藏菩薩。到臺灣後，因為大家佛學研究已經普遍，都知道上述都非一貫道的教主，彌勒佛也不是。現在他們的教主是無生老母，弄了這麼個怪名稱。彌勒淨土的劫難，就是這個一貫道弄出來的。歷史上他們曾叫作白蓮教，尤其是在隋唐以後，因作了幾次亂，死了不少人，使得佛教徒受池魚之殃，不敢

再修彌勒淨土。白蓮教一代代傳下來，歷史上不斷有戰爭的紛亂，因為帝制時代，人們好以宗教為號召起來奪取江山。

到了民國時期，太虛大師才出來提倡，因為現在已是政治民主化，軍隊國家化，老百姓沒有擁兵造反的危險，應當是扭轉風氣的時候。所以太虛大師是恢復彌勒淨土的大功臣。

到現在為止，這風氣還不容易改，有很多地方還在念阿彌陀佛，尤其出家人，像淨空法師，拼命地在宣揚彌陀淨土，這是很奇怪的事。西方淨土，在中國歷代以來，很多大德都熱烈弘揚。實際上，彌勒淨土比它更容易修、更易成。修行彌陀淨土，除了念佛要念到一心不亂外，還要有善根、福德、因緣，事事都要具備，才能成功；現代人，老實講，不方便修此法門了。農業時代還可以，但是現代工業社會，很多人都要上班，很難把佛念到一心不亂。歷史上，有些修成功的人，要念到一心不亂，一天要念十萬聲佛，現在要念一萬聲都很困難，白天上班工作非常辛苦，晚上回家洗好澡，恐怕念不到十聲佛就打瞌睡了。但是佛教裡面還是有人不同意，如淨空法師等人，還在提

倡彌陀淨土。

現在仍有人宣揚彌陀淨土，一方面是大陸時期所傳播的彌陀淨土基礎還在。共產黨統治只有幾十年，念阿彌陀佛的老人還在。我把出家的觀音禪寺（江蘇省）修好後，每年做兩次法會，春天是佛誕法會，秋天是觀音菩薩的成道法會，許多人甚至老遠自湖南、江西、上海、南京坐飛機、搭火車來參加，我就在法會中宏揚彌勒淨土。

彌勒淨土法門有三種經：《佛說觀彌勒菩薩上升兜率天經》、《佛說彌勒菩薩大成佛經》、《佛說彌勒菩薩本願經》。民國以來太虛大師提倡恢復彌勒淨土，「彌勒三經」才在民間流通，太虛大師也做了講解。第一部是上升兜率天經，第二部是下生成佛經（即大成佛經），這兩部最重要。第一部上升兜率天，給我們一個方便淨土，我給他取一個好記的名字，說這是彌勒菩薩給我們開的速成班。第三部是本願經。

我先前很忙，自從10以年前決定，想了解彌勒法門，想了解太虛大師。我本以為太虛大師是在標新立異，不願意和別人一樣走同路線念阿彌陀佛，但是看到他關於《上升經》、《下生經》的講解後（《本願經》

尚未講解），在我禁足以後（禁足到年底滿10年，不去開會、應酬），才有時間來整理這些，理解這些情況，我才決定宏揚彌勒淨土。現在我特別大聲疾呼，彌勒淨土才是我們的本土淨土，我們是本土人，應把本土淨土莊嚴起來。到那時候我們多生多世的父母、親人、同胞、好友，都能相見了。生西方條件固然難，成功了也只有一個人解脫，救不了他人，這一點我請大家多加考慮。

　　修彌勒淨土法門還有一個好處：修其他的法門，你只能一個人去，帶不了任何人；修彌勒淨土成功後，我們跟彌勒佛下來把娑婆世界變成佛國，到時過去多生多世的父母、師長、兄弟、姊妹、夫妻、兒女、親戚等一切一切，都能蒙受大益，都在佛國裡面，不會再生死痛苦了。修行成佛的時間看來雖長，但是其他法門的時間更長，且這一生修好，就到兜率天去，跟著彌勒佛修，不會再輪迴轉世了。

四、殊勝的彌勒法門

我們教主是釋迦牟尼佛，他發心學佛以後，發現我們現在這個娑婆世界，是個最苦的世界，因此他就發心，要將這個最苦的世界，變成佛國，此爲他學佛後第一大願。我們何其有幸能遇到佛。在我寫的〈釋迦牟尼佛對我們的關懷〉這篇文章，在《彌勒淨土法門》這本書的第20頁提到：教主釋迦牟尼佛爲了將我們的世界變成佛國，曾來過8,000趟，生生世世，不放心我們、關懷我們，要完成心願。教主成佛後，當然最主要的，不只在度一時一地的人，他是要度所有眾生，讓他們都能了生死成佛道的。

釋迦牟尼佛的傳人是彌勒佛，最後他將佛法傳給彌勒，要人照著他的方法修。當然十方世界他都去的，但是重點放在娑婆世界。彌勒接受這個任務後，在佛滅度以前12年，就上升到兜率天去。彌勒佛很早就已發心學佛，《彌勒經》上說他於釋尊前四十九劫就發心了，但他是以慈心度眾生，不讓世人苦上加苦，所以他較晚成佛。最後他成爲釋迦牟尼佛的弟子，並受其付託，將來要到這個世界來成佛。在民國初年，太虛大師爲了革新佛教，使人們能接近佛法，於是提倡彌勒淨土。在佛法傳來中國最初的400年當

中，彌勒淨土法門傳的十分普遍。現在南傳佛教，如泰國、緬甸、斯里蘭卡等地流傳的經典，都有提到彌勒菩薩，卻不曾提及阿彌陀佛。

　　1927（民國16）年，民國政府定都南京後，太虛大師表示此時正是宏揚彌勒淨土法門的時候。可惜當時內憂外患不斷，社會不得安寧，不能好好傳法，而他老人家於民國36年就在上海圓寂。他提倡了一陣子，是以他的弟子如慈航、印順等人都跟著倡導。我在10年前，也是修西方彌陀淨土，且十分認真。我知道太虛大師有此思想，當時自忖太虛大師可能是不想同大家一樣都念阿彌陀佛，後來轉修彌勒淨土。我禁足後，比較有時間，看太虛大師提倡彌勒淨土的書，才曉得我們的教主，要我們脫離苦海，得生佛國，捨分段生死。升到淨土以後，我們的身體是異生身，不受色身障礙。這是什麼意思呢？如觀音菩薩可化三十二種身，我們到時也可化身三十二種，自由於六道中，這是最大的好處。不受色身之累，就能自由化身，想到天上，就到天上去，想到人間，就化身人世，想到皇家就去皇家，想去官家就到官家去。想什麼身，就現什麼身，觀音菩薩得化三十二身。就是這

樣的道理。

　　所以我們現在修彌勒淨土法門，就是將來我們到兜率天去修。彌勒佛下來娑婆世界，在龍華樹下開龍華三會，都可去參加、被度化。像《法華經》所說，佛陀爲我們再受菩提記，成大乘佛。修彌勒淨土法門，實際上我們已有了大乘的根基，我們成就的是大乘佛，所以我們才提倡學彌勒淨土。佛陀在經典中常常提醒我們說：「人身難得，佛法難聞」。現在我們既得人身，又聞佛法，若不把握此生，隨便度過，那就又要墮落輪迴，流轉生死，那樣就苦不堪言。佛也說過：「人身難得而易失，從人生轉世再得到人身的人，如人指甲上的一點土；而從人生轉世失去人身的人呢？如大地上那麼多的土。」眞是不成比例。我們要特別小心，千萬不能大意。生彌勒淨土就太方便了，六度修好了，就是上品，其他只要信彌勒佛、恭敬相信彌勒佛是最高、最理想的接引者，就可有願必成，可見求生彌勒淨土是最方便的法門。

對佛教及養生經驗的看法

一、佛教的科學性

　　我們教主釋迦牟尼佛，本來是一個王子，可以繼承王位，但是他見到印度原始拜天祭神的宗教不合理，甚至還有用人作犧牲去祭神的，於是立志要在宗教上找出一條光明的道路來，讓大家可以依循。所以他放棄國王的名位，決心出家。他向婆羅門請教，依其法修了5年。但是那感性的宗教，一切都是神造的，沒有什麼好講，故不得要領。他一人又跑到深山去打坐參悟，最後體證成佛之道，才出來立教傳法。

　　佛教有幾個特色，譬如太空中有無窮盡的世界。此一理論，直到人類有了望遠鏡以後，才被證實。太空中有無數的世界，一個星球就是一個世界，我們的地球在其他星球看起來，也是一顆閃閃發光的星球的。太空的境界，有多遠、多寬？它本是無邊無際的。這些釋迦牟尼佛早已經證悟到了，所以世界無邊，眾生之苦無盡。故佛經上常有「恆河沙數」的世界，空間沒有限制、沒有邊際，這是佛教的特色。當

時沒有課本、沒有老師，是佛陀打坐自己悟出來的，他悟道後常在恆河兩岸講經，便用恆河沙數來做無盡數字的譬喻。恆河是印度的四大河之一，河中的泥沙難以數清，這就是「恆河沙數」一語的由來。如同天文學上，夏天晚上，星空中我們可以看見很多星星，串起來叫做銀河，用銀河系來代表無法數清的數字，到了有了望遠鏡以後才得到證實的。而釋迦牟尼佛，在2,500年前，就發現了這一道理，真是不可思議。

佛教是最能適應科學時代的宗教。民國以來已有很多法師居士做這樣的宣導，但佛教教育仍未能與時代思想相結合。當今電腦科學愈見昌明，100冊的大藏經可以濃縮在小小的一片光碟中，與華嚴的「一多相容，大小無礙」思想，和「芥子納須彌，須彌納芥子」兩句偈語，相互輝映。電腦發明，佛學昌明，所以我鼓勵華嚴佛學院的同學，必需多注意時代知識，並將之融入佛教。同時做學問要能夠掌握《中庸》上所說的博學之、審問之、慎思之、明辨之、篤行之5個層次，能夠用來做為讀書、研究學問的方法，以為學佛行解相應之道。並以傅斯年名言：「上窮碧落下黃泉，動手動腳找東西」的治學心態，期勉同學珍惜

光陰，求取廣博無涯無量的知識，以為將來弘法之資源，並希望同學能養成弘法利生的大志，將佛法介紹給大陸13億同胞及世界各國眾生。

　　佛說世間萬法的生起，在時間上是因果關係，在空間上是因緣關係。在「因果定法則，因緣成萬事」的原則下去學、去修，以了解諸法真相，證得諸法的真理。依照佛的成佛經驗去修、去學、去弘揚，使人人都能學佛、成佛。

　　佛教是知性的宗教，有別於一般「信即得救」的感性宗教。佛法的中心思想是「因果定法則、因緣成萬事」。萬法之生起皆起於因果關係、因緣成就。佛陀的主張是人人皆可成佛的最平等思想，同時佛陀悟到了宇宙間世界，有如恆河沙數，無窮無盡的世界、無窮無數的眾生之科學的觀念。佛教徒應朝科學的佛學研究方面多多發揮，能夠留心報章雜誌上的新知，加以融會，來作為做學問思想的基礎，找出一條合乎現在時代潮流之方向，來印證佛所說的話，不但合乎現代的科學觀點，其所創的佛教更是一個合乎科學觀點的宗教，以破除一般人所常誤解以為信仰宗教是迷信之訛傳。

因果定法則

　　修學佛法，首先要了解：人人都有佛性，每個人都可以成佛。不但人可以成佛，凡是有生命的動物，都可以成佛。佛教講六道輪迴，三條好的路，三條壞的路。好的三條路當中，天道，即升天；人道，人間也有富貴榮華；修羅道，是說這類生命，福報是有的，但是根性很差，所以我們稱無神論者就是修羅道。

　　三個壞的惡道，最苦的是地獄，十惡五逆者受報處；次苦的是餓鬼，即慳貪者受報處；再其次是畜生，牛馬豬羊，前世欠債，今世來還。佛教這樣分類較為合理。中國在佛教來以前，也是認為活在世上是做人，死了以後到地下作鬼，甚至秦始皇還造地下宮殿，想當地下皇帝。

　　我們進入佛門，首先行三皈依禮，皈依佛、皈依法、皈依僧，這是第一步。再來找受過戒的出家人，作我們的皈依師。我常以「大學」來作比喻，我們不叫「信教」，叫做「學佛」。人人都可成佛，是自己修來的。成佛的條件，要把世間萬事萬物，徹底覺悟、一切弄清楚。皈依之人，男的叫優婆塞，女的叫優婆夷，普通叫男居士、女居士。三皈依是第一個程序，

皈是歸向，依是依靠。歸向的是三寶：佛、法、僧，佛是我們的指導者，法是萬事萬物成功的學問與道理，而僧是修行良好的法師。

佛教有很深的哲學理論，有一本《佛教科學觀》的書，其作者蘇州東吳大學畢業，留學歐美，回國後看見人家拜佛，認為迷信，為長者所呵斥，囑其研讀佛經，然後發言。他聽了以後，便去研究佛經，了解後開始對佛教改觀，然後寫下這本書。他的名字叫王小徐。

皈依了以後就是真正的佛教徒，不一定要剃度；要出家也很簡單，只要能脫離家庭，找到合適的師父，便可以剃度。之後學習出家人的初步：如何拜佛、誦經、打法器，做課誦；未受戒前，稱為沙彌，20歲以後，受了戒，便稱比丘或比丘尼。

二、佛教對生命的看法

佛教對生命的走向，有很獨特的看法。西方宗教，尤其是拜上帝、真主的，只有兩條路——天堂與

因緣成萬事

地獄。佛教是講六道輪迴。多數的宗教，莫不是講上天堂、下地獄這兩條路，就連中國早期宗教也是。佛教是西漢年間傳入中國，之前的秦朝以前，對於生死也是這兩條路，所謂人死為鬼。尤其秦始皇，統一全國，設立州縣，對於政治做了許多大的改革，但是對生命問題，還是沿習以前的說法，認為生時為人，死後做鬼。他還想到地下做皇帝，在地下造了很大的地宮、放置兵馬俑等，我去陝西看過。佛教還沒傳來以前，多是這樣想。

佛教傳來後，認為人生命的走向，有十條路好走，四條聖人的路，六條凡夫的路，《華嚴經》上叫作「十法界」。四條聖人的路，包括佛、菩薩、聲聞與緣覺；六條凡夫道路中，有三種善道，三種惡道。天道、人道、修羅道，是善道；地獄道、餓鬼道、畜生道，是惡道。修羅道的人，我們也可放在其他五道去，因為在這裡面的人，等於有天上的福德，修得不錯，只是他沒斷煩惱，容易發脾氣，起瞋心，和人鬥爭。以前國共戰爭的時候，傳聞說，共產黨是修羅，他們的主義強調階級鬥爭，容易與人鬥爭。

共產黨一開始，手段狠辣，每到一個地方就成立

人民公社，吃大鍋飯。每日早晨號一吹，所有的人都要勞動，開始整田。還沒整田以前，家鄉的田地高低大小不均，灌溉用水也不方便，出產很艱難。共產黨整田，所有人都需拿起鏟子挖地，田果然整得四四方方，路四通八達，但祖塋全遭剷除，或深埋六尺以下。現在每畝地的產量也提高了一些，而且引用長江水灌溉，水本身就有肥料。這是農村改革的好處，但是共黨認為人總有一死，死了什麼都沒有了。

幸好毛澤東在搞文革以後就死了，他的政權交給了華國鋒。毛澤東為了攬權，搞了文化大革命，糟蹋了國家，故他是功不掩過，好多古文物都在文革時，被無情的破壞。在大陸，因為毛澤東開國，所以一般還是尊崇他，但是實際上並不認為他有功勞。慶幸的是為接棒人是鄧小平，他走毛的相反路線，國家才有了復活的生機，而且現在已成全世界三大強國之一。

三、養生經驗

談到養生，得從小時後談起。我是個農家子，我

因果定法則

家在曾祖的時候，有300多畝田，用共產黨的名詞來說，也可算是小地主階級。我祖父兄弟兩個，各自又衍生多位後代。我的身體本來還不錯，但到了8歲那年夏天，生了一場小病，我們那時農村環境不好，生了病就是聽其自然，吃了一些草藥也不見效。我生什麼病呢？夏天吃壞肚子，吃出毛病來了，拉肚子、急性腸炎，大概就慢慢演變成慢性腸炎，常常拉肚子，因此身體弄壞了。

小學勉強畢業，正當要考中學時，那年又生病，常鬧失眠。我10歲那年，開始跟從母親吃長齋。我在考中學前，生了病，沒辦法去考了。既然不能念書，我不願意種田作一輩子苦工，於是決定出家，出家以後，身體就好多了。命運在操弄人，我要考學校時，生了個病，阻攔我去考學校，後來病也就自然好了。此後也沒有再生什麼大病。因緣不可思議，就是安排我這一生，走出家這條路。寺廟生活本就很有規律，尤其出去佛學院念書後更好了，也不會吃些原來農村不衛生的東西了。

念佛學院期間，念了兩年，抗戰就開始，在念書的時候身體還好。民國26（1937）年的夏天，生了個

病，每到下午，嘴唇、指甲就發青，不過人倒也沒什麼特別的不舒服，到底爲何發青？那時城裡有基督教辦的醫院，醫生也看不懂，竟說我是「青菜吃太多了！」說這種外行話。過了夏天病也就好了，我並沒有吃什麼藥，當時也談不上打坐，讀書的時候晚上要自修。

後來我的身體就好起來了，雖然還是瘦弱，實際上是從離開泰州，到上海去考中醫學院開始。這是怎麼回事呢？原來我投宿的寺廟，離學校有4華里路，那時上海交通還不方便，加上戰爭的破壞，只能用走路往返。這一走下來，有運動的關係，把身體練好了。

我在求學期間，仍是在經典、文字上面用功，談不上修行養生。眞正身體好起來，是在上海6年書讀下來以後。到臺灣來以後，身體偶會碰到小毛病，大毛病倒是沒有，不妨礙正常的生活。

5年多前，我在華嚴佛學院上課，爲方便信徒來聽，我利用晚上講《華嚴經》。有一天下課前，要寫黑板，哪曉得剛站起來，天旋地轉，一陣頭暈，就快摔倒，怕學生看到大驚小怪，我就力求鎮靜，趕緊抓

住黑板架子，穩定了一下，還是繼續把資料寫在黑板上，在同學抄的時候，我再回到座位上坐了一下，把課上完。回到客所賢度徒看到我，發現我的臉色很難看，她當過護士，摸我的脈，脈象跳跳停停，於是趕快送去國泰醫院掛急診。到了醫院，掛起氧氣，十來分鐘後也就恢復了。後來住院了5、6天做檢查，各種儀器都檢查過了，什麼病也沒有，就是心臟血管老化。後來就是有人建議我練心臟氣功，這對身體有很大幫助的。

四、推動宗教法的遺憾

華嚴蓮社早已向內政部登記為法人，但是我們現在所謂的財團法人，和內政部所謂的宗教團體，實際上是不合的。政府以前沒訂立宗教法，我們蓮社是在那之前成立，所以申請的是財團法人；其實不適合我們宗教團體，但是當時沒有適當法源給我們去做合適的申請。現在已有些寺廟以基金會名義申請，因為他們認為自己不是財團法人。其實當時我們申請法人就

是有「公天下」的用意，之前師公南老人及在蓮社的
法師都很希望蓮社，變成法人的財產，所以才以法人
的名義去申請。

　　我在當選宗教協會會長時，就把國內宗教團體組
合起來，甚至把世界各宗教組合成立大會，可惜我做
了一任後，繼任者沒繼續下去，遂無聲息了。當時我
交棒給指南宮的高忠信先生，但他身體不好，未能在
此方面多加著力，所以談不上有多大的發展。

　　1992（民國81）年4月，我率領各宗教人士40餘
人，出席立法院公聽會，討論通過由內政部研訂提出
的宗教法草案，送交立法院審議。1993（民國82）年
10月21日，我以中國宗教徒協會會長身份，假立法
院第8會議室召開公聽會，出席者計有立法委員蕭金
蘭、潘維剛、關中等45人，並邀請佛、回、道、天
主、基督等宗教代表：淨心、淨耀、馬凱達（回）、吳
寧遠（基）、房志榮（天主）、徐榮祥（道）、張培成（一
貫）、夏中堅牧師、內政部鐘福山司長、法務部施茂
林參事、省民政廳余德如副廳長等與會。商討結果，
我提出：現行的「監督寺廟條例」，係1929（民國18）
年公佈施行的，當時僅以佛教、道教為適用對象，其

他宗教一概不計在內，既未臻周詳，又未能顧及宗教平等，平添民怨，其於保障宗教自由，輔導宗教發展，自當研擬有關法律以解紛爭。於是由蕭金蘭、潘維剛、陳璽安、洪性榮、沈智慧等5人提案，關中等40人連署，提出「宗教法人法」，旨在賦予宗教法律上的地位，規範宗教團體之成立，落實保障宗教自由，維護宗教團體之權利及義務，以平息紛爭，此一適合各宗教的宗教法人法案提請院會審查，希望於該會期能獲通過。此案於當月正式提出，並獲內政、司法兩委員會出席委員，無異議通過送審。

最可惜的是，我聯絡了40幾位立法委員，把宗教團體法都訂好、通過了，等待審查，這一等待審查，就如石沉大海，至今仍無消息。我對此事感到很氣餒、很遺憾，覺得政府機關簡直沒效率。我費了很多心血，把宗教團體聯合起來，宗教法訂立起來，爲了宗教法常常開會，幾達10年以上。

推動宗教團體法的受挫後，我覺得自己年事已高，過去爲整體宗教公益奉獻許多時間精力，也該回到自己的修行路了，因此自1994（民國83）年2月10日（農曆正月初1日）起，宣佈禁足自修，謝絕一切應酬

（自己道場不限）。

五、興辦佛教文化事業的感想

　　我來臺以後，試圖走向教育、社會救濟與群眾路線，這些都是太虛大師過去一貫提倡的，我就把他的理想，拿出來實踐。太虛大師在他的時代，專以弘顯佛教、佛學為目標，來教學、辦學，確實是佛教真正需要的。他的弟子慈航法師也強調，佛教有三個「救生圈」，第一個是慈善救濟，第二個是講經弘揚佛法，第三個是辦教育文化事業。從光緒年間「廟產興學」風潮起來，才促使佛教界的警覺。民國初年，太虛大師就提倡佛教知性化，而非感性化。

　　2000年10月23日，華嚴專宗學院25週年院慶暨院友聯誼會，在華嚴蓮社四樓萬佛殿舉行。我鼓勵學院校友與同學，在兩岸交流進入嶄新階段的同時，應準備到大陸弘法，貢獻一己之力。我同時在聯誼會上發了三大願：第一，願國家早日和平統一；第二，祈求佛法弘揚全世界；第三，願校友弘法於十方，常轉

法輪、普渡眾生。

　　回顧過去2,000年中國佛教歷史，除幾個學者分門分派地研究佛經，有些許成就以外，一般流傳在民間的佛教已經成為一種表面上的信仰而已，真正懂佛法者沒有幾人。每朝每代，除了幾位出名的居士外，民間對佛教的認識很模糊。我們一辦獎學金，就印了一本小書，告訴青年學子：佛教不是迷信，是知性的宗教。我到臺灣以後，對於佛教革新，做過除舊佈新的努力，我們到電臺廣播、監獄佈教，到處去弘法，成立大專獎學金，接引大專青年學佛等。

　　現在華嚴蓮社大廳外面所擺放的書籍，以華嚴宗為多，另外則有大專學生佛學論文集；學生的著作以外，也有一些論文是中、小學老師利用假期，到本院研習進修而寫的。老師們開始研究佛教，往往是被動的，因為學生都接觸佛教，做老師的不能不懂。久而久之，很多老師都成為佛學專家了。

　　佛教教理中，講因果、因緣，不講迷信，也是知識份子所容易接受的。因此我們舉辦的獎學金與論文寫作在大專院校中發展很順利。現在我們更進一步獎勵博、碩士班研究生，成為大專以上的學生研究佛法

因果定法則

最大的鼓勵。

　　爲順應時代需求，蓮社自2000（民國89）年，開設網站後，即陸續登載有關華嚴的文獻以及學術資料，俾便利有心研修華嚴之人士查詢參考，現在將其資料目錄大要附錄於后。

　　（一）華嚴藏書目錄：詳盡列出本蓮社圖書館所有關於華嚴方面之藏書目錄，內容分爲：1.華嚴經典籍，2.華嚴思想論著，3.有關華嚴之學位論文，4.短篇論文。

　　（二）華嚴文獻目錄：詳列出藏經中關於華嚴的所有目錄，共分爲9大類：1.經部，2.經疏部，3.釋經部，4.釋律部，5.諸宗部、華嚴宗著述部，6.禮懺部，7.古逸部、疑似部，8.密教部，9.史傳部。

　　（三）華嚴論文目錄：本是華嚴專宗學院學生發表關於華嚴的論文及內容，目前爲止已刊載40餘冊。需要進一步參考最新資訊的讀者，請自行上華嚴蓮社全球資訊網，http://www.huayen.org.tw。

六、結　語

　　自我出家至今，轉眼間已過70多年。身爲出家人，弘法利生是我的本份。回顧過去走過的道路，自覺沒有留下多少憾事；瞻望未來，希望後來者能更加努力，讓正法能夠深入一般人心，人間淨土的理想能夠早日達成！

索　引

因緣成萬事

1

因緣成萬事

因果定法則

因緣成萬事

7

因果定法則

10

12

十四劃

因緣成萬事

13

因果定法則

14

因果定法則

因緣成萬事

PI

照片一
成一法師玉照

PI

照片二
華嚴蓮社舉辦千佛懺
及供佛齋天法會

PII

照片三
智光大師午供

PII

照片四
華嚴專宗學院師生合
影

PIII

照片五
在智光商職皈依活動
時開示

PIII

照片六
僑愛講堂大殿

PIV

照片七
與前智光商工校長張
南山（右二）、卓遵
宏（左一）等合影

PIV

照片八
成一法師與主訪人卓
遵宏（左）侯坤宏及
紀錄廖彥博（右一）
合影

P53

照片九
成一法師受戒證明護
戒牒

P55

照片一○
中醫考試及格證書

因果定法則

P93

照片一一
東方佛教學院講座聘書

P97

照片一二
智光法師

P102

照片一三
南亭法師

P114

照片一四
華嚴蓮社改建前與南
亭老和尚在舊門樓前
合影

P118

照片一五
改建後之華嚴蓮社外
觀

P121

照片一六
華嚴專宗學院聘書

P131

照片一七
華嚴專宗學院成立同
學會

P135

照片一八
華嚴蓮社第五任住持
淨海和尚晉山大典
(1987年10月23日)

P137

照片一九
第六任住持賢度法師

P139

照片二〇
2005年3月賢度法師
榮獲印度德里大學哲
學博士學位

因緣成萬事

P140

照片二一
第七任華嚴蓮社住持
明度法師

P144

照片二二
成一法師攝於祖堂

P144

照片二三
攝於南亭和尚供贊前

P145

照片二四
攝於智光大師供贊前

P146

照片二五
攝於文心和尚供贊前

P157

照片二六
救濟花蓮歐菲莉颱風
感謝狀

P157

照片二七
捐贈台北市救護車感
謝狀

P164

照片二八
榮獲中國藥用植物學
會獎章

P165

照片二九
中醫師開業執照

P165

照片三〇
中醫師證書

因果定法則

IV

P166

照片三一
行醫三十年榮獲台北
市政府獎狀

P168

照片三二
華嚴疏鈔成立會

P170

照片三三
（德籍）高明道老師

P175

照片三四
僑愛講堂觀音大士聖
像

P179

照片三五
與僑愛講堂住眾合影

P183

照片三六
華嚴僑愛兒童村

P183

照片三七
僑愛兒童村慶生會

P187

照片三八
智光大師舍利準備進
塔

P189

照片三九
智光大師舍利入塔

P191

照片四〇
智光商職興建工程動
土儀式

P192

照片四一
智光商工職校第四屆
董事聘書

P194

照片四二
智光商工職校第七屆
董事聘書

P195

照片四三
智光商工校門口

P197

照片四四
智光商職屬學生舉辦
皈依

P198

照片四五
與妙然法師參觀智光
商職畢業美展

P204

照片四六
出席世界佛教徒友誼
會第十五屆大會之獎
狀

P207

照片四七
與趙樸初會長合影照

P216

照片四八
泰州光孝律寺

P218

照片四九
觀音寺恢復開放十週
年法會

P221

照片五〇
海安培訓班開學典禮

因緣成萬事

V

因果定法則

VI

P223

照片五一
泰州光孝律寺藏經樓
落成大典

P226

照片五二
傳法給弘法法師

P236

照片五三
因果與因緣撰句

P246

照片五四
美國德州佛教會聘書

P257

照片五五
美國華嚴蓮社

P264

照片五六
蓮華學佛園聘書

P266

照片五七
中華學術院佛教文化
研究所聘書

P270

照片五八
中國宗教徒協會證書

國家圖書館出版品預行編目資料

成一法師訪談錄／卓遵宏,侯坤宏採訪;廖彥博記錄.
－－再版.－－臺北市：三民，2007
面；　公分

ISBN 978-957-14-4851-0　（精裝）

1.釋成一 2.訪談 3.傳記

229.63　　　　　　　　　　　　　　　　96014639

© 　成一法師訪談錄

受 訪 者	成一法師
採 訪 者	卓遵宏　侯坤宏
記 錄 者	廖彥博
發 行 人	劉振強
發 行 所	三民書局股份有限公司
	地址　臺北市復興北路386號
	電話　(02)25006600
	郵撥帳號　0009998-5
門 市 部	(復北店)臺北市復興北路386號
	(重南店)臺北市重慶南路一段61號
發 行 人	張炎憲
發 行 所	國史館
	地址　臺北縣新店市北宜路二段406號
	網址　http://www.drnh.gov.tw
	電話　(02)22175500轉605
	郵撥帳號　15195213
出版日期	再版　2007年8月
編 號	S 220911
定 價	250元

行政院新聞局登記證局版臺業字第○二○○號

有著作權·不准侵害

ISBN　978-957-14-4851-0　　（精裝）